AF389866

# RÈGLEMENT

SUR

# L'INSTRUCTION DU TIR

PARIS. — IMPRIMERIE L. BAUDOIN, 2, RUE CHRISTINE.

MINISTÈRE DE LA GUERRE

# RÈGLEMENT

## SUR

# L'INSTRUCTION DU TIR

APPROUVÉ PAR LE MINISTRE DE LA GUERRE
LE 22 MAI 1895.

PARIS

LIBRAIRIE MILITAIRE DE L. BAUDOIN

IMPRIMEUR-ÉDITEUR

30, Rue et Passage Dauphine, 30

1895

# RAPPORT

## A M. LE MINISTRE DE LA GUERRE

MONSIEUR LE MINISTRE,

Chargé par votre lettre du 31 juillet dernier de préparer un nouveau règlement sur l'instruction du tir, le Comité technique de l'infanterie s'est inspiré des considérations suivantes (1).

---

(1) Le Comité technique de l'infanterie chargé de la rédaction du présent règlement était composé comme il suit :

MM. le général GIOVANNINELLI, commandant le 3ᵉ corps d'armée,     *Président.*

le général MADELOR, commandant la 5ᵉ division d'infanterie,

le général de division baron DE LAVALETTE, membre du comité technique de l'artillerie,

le général CARY, commandant la 9ᵉ division d'infanterie,

le général FAURE-BIGUET, commandant la 9ᵉ brigade d'infanterie,     *Membres.*

le général de brigade DE MONARD, commandant l'Ecole spéciale militaire,

le général DU BOIS DE BEAUCHESNE, command. la 2ᵉ brig. de chasseurs,

le général ARVERS, commandant la 10ᵉ brigade d'infanterie,

le général BERRUYER, commandant la 16ᵉ brigade d'infanterie,

le lieutenant-colonel GILARDONI, secrétaire du comité, chef de la section technique,

le commandant breveté LECOMTE, membre de la section technique,

le capitaine SORBETS, membre de la section technique.

Sur le champ de bataille, la supériorité appartient aux troupes qui savent tirer le meilleur parti de leur arme dans toutes les circonstances du combat.

En temps de paix, l'instruction doit tendre à former des tireurs de champ de bataille.

L'éducation du soldat comprend deux phases : l'une consacrée à son dressage par des exercices préparatoires et des tirs d'instruction exécutés dans des circonstances favorables ; l'autre, destinée à confirmer son instruction au point de vue professionnel, par des tirs d'application, des feux collectifs et des tirs de combat exécutés dans toutes les situations qui peuvent se présenter sur un champ de bataille.

Selon leur degré d'instruction, les tireurs sont répartis en deux catégories ; ils ne passent à la seconde catégorie qu'après avoir satisfait à des épreuves déterminées.

Les principales modifications apportées à l'ancien règlement portent sur les points suivants :

1º Les munitions allouées pour l'année sont réparties entre les commandants de compagnie qui en disposent, pour l'instruction de leurs hommes, dans des conditions qui laissent une large place à leur initiative ;

2° Un sous-officier, choisi par le capitaine, est spécialement chargé dans chaque compagnie des détails du tir. Il prend le nom de sergent de tir et seconde les officiers de la compagnie pour former des instructeurs et instruire individuellement les maladroits ;

3° Un officier, désigné par le chef de corps, développe dans des conférences les sujets choisis dans les documents envoyés par l'école normale de tir ;

4° Le tir réduit a reçu des développements importants qui en font une préparation plus complète aux divers genres de tirs ;

5° Le nombre des tirs d'application est notablement augmenté ;

6° Le pour cent est supprimé comme constatation habituelle ou terme de comparaison des résultats obtenus dans les tirs individuels. L'état de l'instruction est constaté par des inspections périodiques et des tirs d'examen ;

7° Les prix décernés à la suite des tirs de l'année sont répartis en nombre égal entre les compagnies.

8º Le dressage individuel du soldat aux tirs de guerre est l'objet de prescriptions spéciales et constitue un des progrès importants consacrés par le règlement nouveau;

9º Les chefs de corps fixent, sous l'approbation des généraux, le programme des tirs de combat collectifs d'après les terrains et le matériel dont ils disposent;

10º Enfin, la comptabilité est simplifiée.

Le présent règlement trace les prescriptions de détail se rapportant à l'enseignement et à la pratique du tir dans les corps de troupe.

Une instruction, séparée du règlement sur le tir, contient les renseignements dont la connaissance est nécessaire aux officiers sur l'armement, les munitions, les champs de tir et le matériel.

Le comité a l'honneur de soumettre son travail à votre approbation et de vous demander l'abrogation de toutes les dispositions antérieures.

Approuvé le 22 mai 1895.

*Le Ministre de la Guerre,*

Gᵃˡ ZURLINDEN.

# RÈGLEMENT

SUR

# L'INSTRUCTION DU TIR

## CHAPITRE Ier.

### Personnel d'instruction.

**1**. Le tir est la partie la plus importante de l'instruction. Le colonel et les officiers aux différents degrés de la hiérarchie doivent, par tous les moyens en leur pouvoir, chercher à développer le goût du tir chez leurs subordonnés.

Dans la compagnie, le capitaine a la plus grande initiative pour former des tireurs; ses efforts doivent tendre à les placer le plus souvent possible dans des situations analogues à celles du champ de bataille et à les dresser au rôle qu'ils auraient à y jouer.

**2**. Un capitaine est désigné dans chaque régiment ou bataillon formant corps pour exercer les fonctions de capitaine de tir.

Dans chaque bataillon, un lieutenant ou sous-lieutenant lui est adjoint.

Le capitaine de tir peut se faire suppléer par un officier de tir aux séances de tir individuel et de feux collectifs, mais il assiste toujours aux tirs de combat collectifs. Il tient le carnet de tir du régiment.

Il est chargé de l'entretien et, le cas échéant,

1.

de la construction du matériel de tir, des travaux d'appropriation et de la police générale des champs de tir. Il a également la surveillance de la réparation des armes. Le lieutenant d'armement est, à cet égard, sous ses ordres.

Les officiers de tir assistent à tous les tirs des compagnies de leur bataillon. Ils veillent au transport et au placement des panneaux, aux dimensions des cibles et à la conservation du matériel. Ils assurent le service des marqueurs.

Les officiers de tir signalent au capitaine de tir les incidents qui se sont produits à chaque séance et qui doivent figurer sur le compte rendu.

**3.** Dans chaque compagnie, un sergent désigné par le capitaine est spécialement chargé de l'instruction des retardataires et des maladroits ; il seconde les officiers de la compagnie dans le dressage des instructeurs. Ce sergent prend le nom de sergent de tir et ne commande pas de demi-section.

Il est chargé de tous les détails du tir.

Il reçoit les munitions destinées aux exercices de tir de la journée et veille à leur distribution et à leur réintégration.

Il assure le remplacement des cartouches ratées ou avariées.

Il tient le registre de tir de la compagnie.

## CHAPITRE II.

### École régimentaire.

**4.** L'école régimentaire de tir a pour objet

l'instruction théorique et surtout l'instruction pratique des cadres.

**5**. Les cours professés à l'École normale de tir sont adressés à chaque régiment. Chaque année, pour compléter ces cours, l'École normale envoie, s'il y a lieu, aux corps de troupes des notices sur les progrès réalisés dans l'armement et dans les méthodes d'instruction.

Le chef de corps fait dévolopper dans des conférences aux officiers ceux de ces documents qui lui paraissent présenter un intérêt particulier.

**6**. Les chefs de bataillon s'assurent que les officiers possèdent aussi bien en pratique qu'en théorie les prescriptions du présent règlement.

Ils les exercent à l'appréciation des distances et à l'usage des télémètres.

**7**. Dans chaque compagnie, le capitaine désigne un officier pour diriger l'instruction des sous-officiers et des caporaux. Cet officier, secondé par le sergent de tir, s'attache surtout à former de bons instructeurs.

## CHAPITRE III.

### Définitions.

**8**. La *trajectoire* est la courbe que décrit la balle pendant son trajet dans l'air.

**9**. La *ligne de tir* est l'axe du canon indéfiniment prolongé.

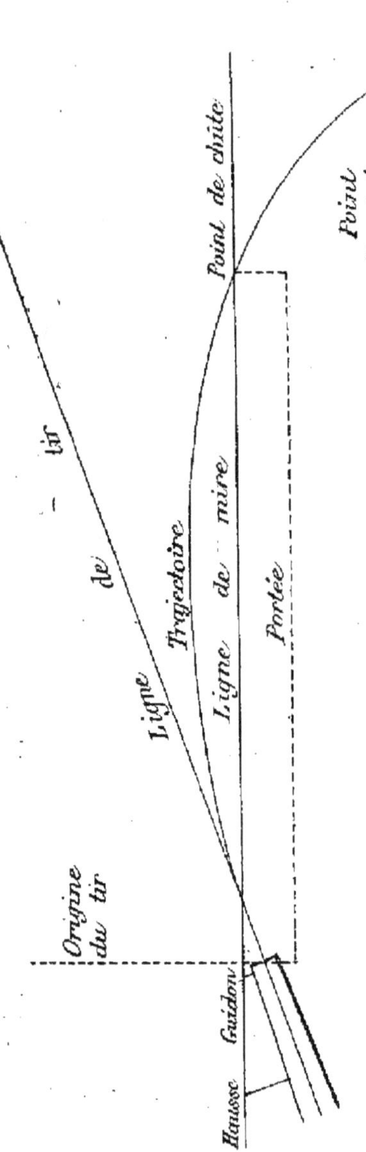


**10.** La force qui met la balle en mouvement est appelée *force de projection ;* elle est produite par les gaz provenant de la combustion de la poudre.

**11.** La balle est lancée suivant la direction de la ligne de tir par la force de projection ; mais dès qu'elle est sortie du canon elle s'abaisse sous l'influence de la pesanteur en même temps que sa vitesse est ralentie par la résistance de l'air. La trajectoire est la résultante des effets de ces trois forces.

**12.** La *vitesse initiale* de la balle est la vitesse qu'elle possède à sa sortie du canon.

**13.** Le *recul* est l'effet de la force

qui pousse l'arme en arrière au moment du départ du coup.

**14.** On appelle *angle de tir* l'angle de la ligne de tir avec le plan horizontal.

**15.** Le *plan de tir* est le plan vertical passant par la ligne de tir.

**16.** L'*origine du tir* est le point où la balle sort du canon ; celui où elle rencontre le sol prend le nom de point d'arrivée.

**17.** La *portée* est la distance du point de départ de la balle à son point de chute.

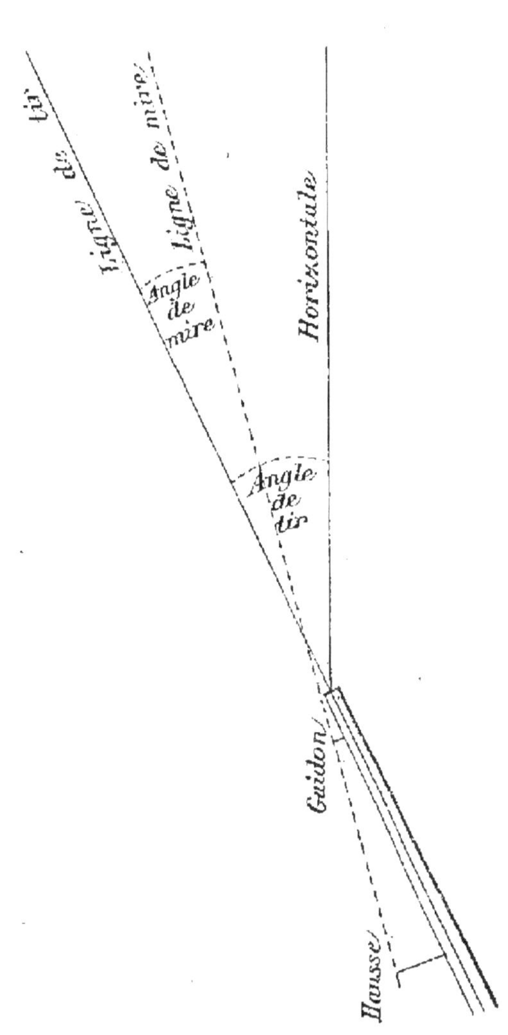

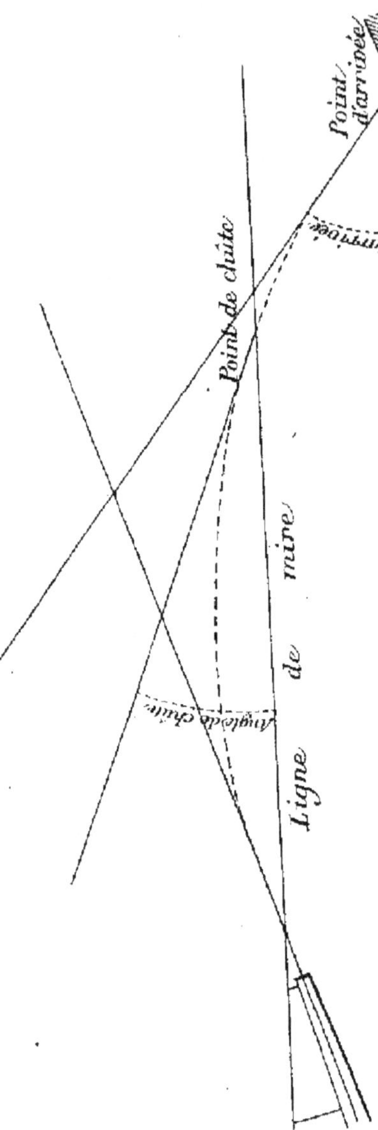


**18**. Le *point de chute* est le point où la partie descendante de la trajectoire coupe le prolongement de la ligne de mire.

**19**. La *hausse* est l'appareil qui sert à donner à l'arme l'inclinaison convenable pour atteindre un but, suivant son éloignement.

**20**. La *ligne de mire* est déterminée par le fond du cran de mire de la hausse et le sommet du guidon.

**21**. *Pointer*, c'est diriger la ligne de mire sur le but à atteindre.

**22**. L'*angle de mire* est formé par la ligne de mire et la ligne de tir.

**23**. La *flèche* est la mesure de la plus grande élévation de la trajectoire au-dessus de la ligne de mire ; plus la flèche est petite plus la trajectoire est tendue et inversement.

**24**. L'empreinte produite par la balle sur le but est désignée sous le nom de *point d'impact*.

**25**. La *zone dangereuse* est la partie du terrain où le but ne saurait être placé sans être atteint par la balle.

**26**. On appelle *zone défilée* pour un obstacle la profondeur de terrain que cet obstacle met à l'abri des balles. Cette profondeur varie avec la tension de la trajectoire et avec la distance.

**27**. La *zone de protection* est la partie de la zone défilée où la trajectoire reste plus élevée que le but placé derrière l'obstacle.

**28**. L'*angle de chute* est l'angle de la partie descendante de la trajectoire avec la ligne de mire prolongée.

**29**. L'*angle d'arrivée* est l'angle de la partie descendante de la trajectoire avec le sol.

**30**. On appelle *groupement* la réunion des points d'impact obtenus en tirant un certain nombre de coups sur un même but. Le *groupement individuel* est produit par un seul tireur.

Le *groupement collectif* est produit par une troupe.

**31**. Le point central d'un groupement est appelé *point moyen*.

**32**. La distance d'un point d'impact au point visé prend le nom d'*écart*.

**33**. La *gerbe* est l'ensemble des trajectoires d'un tir collectif sur un même but.

**34**. La zone qui comprend les points d'arrivée d'un groupement collectif est appelée *terrain battu*. Elle est précédée d'une zone dangereuse désignée sous le nom de *terrain rasé*.

**35**. La justesse des tirs est mesurée par le *pour cent*, c'est-à-dire par le nombre de balles mises de plein fouet sur 100 balles tirées.

**36**. On calcule le pour cent en multipliant par 100 le nombre de balles mises et en divisant le produit par le nombre de balles tirées.

**37**. La *vitesse du tir* est représentée par le nombre de balles qu'un homme tire dans une minute.

**38**. La *durée du tir* s'étend, pour les feux à volonté, depuis le commandement de *commencez le feu* et, pour les feux à commandement, depuis le premier commandement de *joue* jusqu'à celui de *cessez le feu*.

**39**. Pour obtenir la *vitesse du tir* on fait le produit du nombre de secondes représentant la durée du tir par le nombre des tireurs, on divise le nombre de balles tirées par ce produit et l'on multiplie le résultat par 60.

**40**. L'*effet utile* est mesuré par le nombre de balles qu'un tireur met dans un but déterminé en une minute.

On calcule l'effet utile en faisant d'abord le produit du nombre de secondes représentant la durée du tir par le nombre des tireurs; on divise par ce produit le nombre des balles qui ont atteint le but, et l'on multiplie le résultat par 60.

## CHAPITRE IV.

### Allocations de munitions.

**41**. Il est alloué à chaque officier et à chaque homme appartenant à l'effectif au 1er janvier les quantités de munitions indiquées au tableau ci-après ; des allocations supplémentaires sont perçues si l'effectif augmente dans le courant de l'année.

**42**. Ces munitions sont réparties entre les 12 compagnies et la section hors rang suivant leurs effectifs; elles sont mises à la disposition des commandants de compagnie au fur et à mesure de leurs demandes.

| DÉSIGNATION des PARTIES PRENANTES. | CARTOUCHES À BALLE | | CAR- TOUCHES sans balle pour fusil Modèle 1886. |
| --- | --- | --- | --- |
| | Modèle 1886. | pour revolver. | |
| Armée active. — Officiers | 120 | 36 (1) | » |
| Armée active. — Hommes armés du fusil | 120 | » | 50 (2) |
| Armée active. — Hommes armés du revolver. | 120 | 36 | » |
| Réserve. — Officiers | 27 | 12 (1) | » |
| Réserve. — Hommes armés du fusil | 27 | » | 20 (3) |
| Réserve. — Hommes armés du revolver. | 27 | 12 | » |
| Armée territoriale. — Officiers | 20 | 12 (1) | » |
| Armée territoriale. — Hommes armés du fusil | 20 | » | 6 |
| Armée territoriale. — Hommes armés du revolver. | 20 | 12 | » |

(1) 90 cartouches à balle pour revolver peuvent être distribuées chaque année, à titre remboursable, à chaque officier de l'armée active, de la réserve ou de l'armée territoriale.

(2) Il n'est pas alloué de cartouches sans balle au régiment des sapeurs-pompiers de Paris.

(3) Pour les réservistes ne participant pas aux manœuvres.

Nota. — Les compagnies de discipline ont droit, suivant leur armement, à 30 cartouches à balle et 10 cartouches sans balle pour fusil et à 36 cartouches à balle pour revolver.

**43**. Les tirs de concours et les tirs d'examen sont effectués avec des cartouches prélevées sur les allocations annuelles.

Les cartouches nécessaires pour les tirs de combat collectifs sont allouées à raison de 50 par homme participant à ces exercices.

**44**. Toutes les munitions affectées aux exercices de tir doivent être consommées dans l'année.

Si, par suite de circonstances exceptionnelles, le corps a un excédent de munitions à la fin de l'année, il lui reste acquis.

## Consignes générales des champs de tir.

**45**. Le capitaine de tir est responsable de l'entretien du matériel de tir, des dimensions des objectifs et du bon état des abris qui doivent toujours protéger efficacement les marqueurs.

Il rend compte au lieutenant-colonel des travaux nécessaires et demande les moyens de transport et les hommes de corvée dont il a besoin pour assurer son service.

Il rédige et soumet à l'approbation du chef de corps la consigne pour assurer la police générale du champ de tir.

**46**. Chaque officier de tir est chargé de faire placer les objectifs qui doivent servir aux exercices de tir des compagnies de son bataillon.

Dans les tirs individuels, les cibles et les silhouettes ou groupes de silhouettes sont espacées au moins de 4 mètres d'axe en axe. Chaque cible est pourvue de tous les accessoires nécessaires : fanion, tampon, pot et pinceau à colle, boîte renfermant des ronds de papier noir et blanc découpés à l'emporte-pièce, feuilles de papier noir et blanc de grand format, lunettes de cantonnier.

Les officiers de tir assurent, sous le contrôle de l'officier supérieur présent ou de l'officier le plus élevé en grade, l'exécution des mesures prévues par la consigne du champ de tir.

Une demi-heure avant la séance, les officiers de tir font sonner la retraite et placer un fanion rouge au sommet de la butte, ainsi que les sentinelles prévues par la consigne du champ de tir.

En tous cas, lorsqu'un exercice de tir a lieu en dehors du champ de tir habituel, les officiers de tir font placer des sentinelles chargées d'interdire l'accès du terrain dangereux.

**47.** Avant le commencement d'un tir individuel, les officiers de tir s'assurent que les marqueurs sont au nombre de deux par cible et qu'ils connaissent leur rôle.

Un sous-officier est chargé de la surveillance des marqueurs dans la tranchée.

Ce sous-officier et chaque marqueur mettent des lunettes de cantonnier.

**48.** Dans les tirs d'instruction, les officiers

de tir font placer sur la ligne des cibles un panneau de 2 mètres de côté recouvert de papier quadrillé au décimètre. Ce panneau sert à déterminer les corrections de pointage particulières à la séance.

Avant l'arrivée de la première compagnie, l'officier de tir du bataillon exécute sur appui, avec un fusil bien réglé, un tir de 12 balles, en visant toujours un même point du panneau marqué par le bord inférieur d'un cercle noir dont le diamètre est égal au millième de la distance.

L'officier de tir détermine ensuite le point moyen du groupement ainsi obtenu.

Le point à viser qui en résulte est marqué sur une cible réglementaire à l'aide d'un cercle en papier noir ayant les dimensions indiquées ci-dessus. Cette cible est placée à droite ou à gauche, sur l'alignement de celles qui sont destinées au tir de la séance, et de façon à être vue par chaque tireur. C'est par rapport à ce point à viser que chaque homme doit faire les corrections de pointage particulières à son arme.

Si, dans le cours d'une séance, les circonstances atmosphériques subissent de notables variations, l'officier détermine de nouveau le point à viser.

Pour que le procédé qui vient d'être indiqué donne de bons résultats, il est nécessaire que l'officier de tir se serve toujours du même fusil dont il aura vérifié le réglage.

**49.** Pendant la séance de tir, les commandants de compagnie donnent aux officiers de tir tous les renseignements relatifs aux accidents qui se produisent : difficultés d'introduction ou d'extraction, franchissements de l'extracteur, crachements, ruptures au collet ou au culot, ratés, enrayages, etc. Les officiers de tir prennent note de ces renseignements et les remettent au capitaine de tir. Ils font mettre de côté les cartouches ou les étuis qui ont donné lieu à ces accidents.

Ils veillent à ce que les trous des cibles soient bouchés avec soin.

**50.** Les deux marqueurs affectés à chaque cible sont : un porte-fanion et un tamponneur.

Avant de faire commencer le feu, l'officier de tir fait exécuter la sonnerie de *Garde à vous*. Aussitôt les porte-fanions lèvent les fanions verticalement pour montrer qu'ils sont prêts.

Quand tous les fanions sont en vue, l'officier de tir fait sonner *Commencez le feu*. Les fanions sont immédiatement baissés.

Lorsqu'une balle compte deux points, le fanion est agité de droite à gauche et de gauche à droite. Il est agité verticalement si elle compte un point ; enfin il est levé et maintenu immobile quand la balle frappe la cible en dehors de la surface à atteindre.

Pendant ce temps, le tamponneur bouche le trou et le signal fait par le porte-fanion doit continuer jusqu'à la fin de cette opération. Le tampon ne doit donc jamais être sorti de la tranchée sans être accompagné du fanion.

Les marqueurs reconnaissent les ricochets à la forme irrégulière et allongée des empreintes. Les ricochets ne sont pas signalés dans les tirs d'instruction; ils ne sont bouchés qu'à la fin de la séance. Dans les tirs d'application ils sont signalés comme les balles comptant un point.

**51**. Quand il y a lieu de faire cesser le feu, l'officier de tir fait sonner *Cessez le feu*.

A cette sonnerie le feu cesse sur toute la ligne, les armes sont déchargées, les porte-fanions lèvent les fanions. L'officier de tir fait ensuite sonner *Levez-vous*; les marqueurs peuvent alors sortir de la tranchée.

Si, durant la séance, un accident ou toute autre cause oblige les marqueurs à demander la suspension du feu, le chef des marqueurs fait lever les fanions. A ce signal, le feu cesse et les armes sont déchargées.

L'officier de tir fait sonner *Cessez le feu* et *Levez-vous*. A cette dernière sonnerie seulement, les marqueurs peuvent sortir de la tranchée.

Afin d'éviter des confusions pouvant amener des accidents, les sonneries mentionnées ci-dessus sont seules permises pendant le tir. On s'abstient également de toute sonnerie aux abords du champ de tir, soit à l'arrivée, soit au départ. Dans les champs de tir où l'on dispose de téléphones, ces instruments sont employés pour confirmer les indications données par les sonneries.

**52**. Avant chaque tir, les sous-officiers s'assurent que les armes sont en parfait état, que les mécanismes de la culasse mobile et du magasin fonctionnent bien, qu'il n'y a ni chiffons ni corps étrangers dans le canon.

Après le tir, on s'assure qu'aucune arme n'est chargée et qu'il ne reste aucune cartouche dans le magasin.

## CHAPITRE V.

### Progression de l'instruction.

**53**. Elle comporte deux périodes.

La première période, destinée à donner au soldat l'instruction théorique et pratique nécessaire pour tirer avec précision, comprend : les exercices préparatoires, le tir réduit, les tirs d'instruction et les exercices d'appréciation des distances.

Pendant cette période, l'instruction est, autant que possible, individuelle; dans tous les cas, le sergent de tir instruit individuellement les retardataires et les maladroits.

Les hommes sont placés dans les meilleures conditions de temps et de température, surtout pour l'exécution des tirs.

La seconde période a plus particulièrement pour objet le dressage du tireur en vue du combat; elle comprend les tirs d'application, les tirs de combat individuels, les feux collectifs et les tirs de combat collectifs.

Dès que les hommes vont en terrain varié, on les prépare à l'exécution de ces différents tirs en les plaçant dans des conditions analogues à celles où ils se trouveraient sur le champ de bataille et en leur faisant brûler quelques cartouches à blanc.

## CHAPITRE VI.

### Instruction préparatoire du tireur.

#### Art. I. — Exercices préparatoires.

**54**. Le tir d'instruction s'exécute dans trois positions : debout, à genou, couché.

**55**. Tirer un coup de fusil sur un but déterminé, c'est réunir, en une seule opération, trois actions distinctes, savoir :

1° Pointer l'arme ;

2° La maintenir en direction ;

3° Agir sur la détente pour faire partir le coup.

Ces trois actions sont successivement enseignées au soldat, auquel on les fait ensuite réunir en lui apprenant à faire partir le coup sans déranger l'arme.

A cet effet, on fait passer les hommes par des exercices préparatoires de façon à leur apprendre, avant qu'ils aient brûlé une cartouche, tout ce qu'ils doivent faire pour bien tirer.

Les séances consacrées à l'instruction du tireur doivent être courtes et fréquentes.

**56**. L'enseignement est donné d'après la progression suivante :

1° Prendre la ligne de mire; viser un point marqué ;

2° Maniement de la hausse ; règles de tir ; pointage avec les différentes lignes de mire ;

3° Constatation de la régularité du pointage, corrections de pointage ;

4° Placement de l'arme à l'épaule ; viser un point désigné en prenant les différentes lignes de mire ;

5° Action du doigt sur la détente ;

6° Faire partir le coup, dans le mouvement de joue, sans déranger l'arme.

Cette progression est subdivisée en autant d'exercices que le comportent les nécessités de l'instruction.

1° *Prendre la ligne de mire* (ligne de mire de 250 mètres); *viser un point marqué.*

**57**. Les soldats sont réunis autour du chevalet de pointage sur lequel l'arme est placée.

L'instructeur leur montre les deux points qui déterminent la ligne de mire :

1° Le fond du cran de la hausse;
2° Le sommet du guidon.

Il leur explique qu'ils doivent prendre la position suivante :

Fermer l'œil gauche ; placer l'œil droit un peu en arrière du busc, de façon à apercevoir tout le guidon dans le cran de la hausse et au-dessus du fond, la joue ne touchant pas la monture. L'œil est bien placé pour le pointage lorsqu'il aperçoit une quantité égale de jour à droite et à gauche du guidon et le sommet du guidon à hauteur du bord supérieur du cran de mire, comme dans la figure ci-dessous.

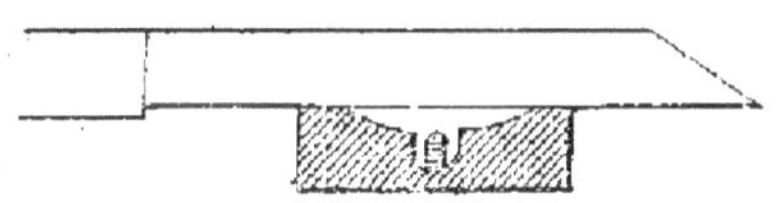

Lorsque l'homme a bien compris ce que c'est que la ligne de mire, l'instructeur lui explique que pour viser il suffit de prolonger la ligne de mire jusqu'au point marqué, l'œil restant toujours lié à cette ligne, l'arme ne penchant ni à droite ni à gauche.

L'instructeur dirige la ligne de mire de 250 mètres sur un cercle noir ayant un centimètre de diamètre et placé à une distance d'environ 10 mètres. Il explique au soldat que le guidon doit apparaître en même temps dans le milieu du cran de mire et sous le cercle noir, comme dans la figure ci-contre.

L'instructeur fait examiner successivement à chaque homme comment l'arme est pointée.

Dès que les hommes ont vu et compris ce que c'est qu'une arme régulièrement pointée, l'instructeur dérange le fusil et prescrit à chaque soldat, à tour de rôle, de viser lui-même le point désigné.

L'instructeur vérifie le pointage et indique, s'il y a lieu, les erreurs commises.

Il fait alors rectifier le pointage jusqu'à ce que le soldat l'ait bien exécuté; il a soin de déranger le fusil avant de passer à un autre homme.

2° *Maniement de la hausse, règles de tir, pointage avec les différentes lignes de mire.*

**58**. L'instructeur fait répéter l'exercice précedent avec les différentes lignes de mire.

A cet effet, le soldat tenant l'arme dans la main gauche, entre la hausse et la boîte de culasse, l'instructeur lui enseigne le maniement du curseur et les règles de tir.

*Maniement du curseur.* — A l'indication de la distance, coucher la planche en avant ou en arrière, suivant le cas; saisir les rebords du curseur avec le pouce et le premier doigt de la main droite et l'amener à la place qu'il doit occuper ; lever la planche si la distance indiquée l'exige.

*Règles de tir.* — De 0 à 250 mètres, viser par le cran de mire du pied de la planche (planche rabattue en avant, ligne de mire inférieure de l'arme, qui correspond à la distance de 250 mètres).

De 250 à 800 mètres, viser par le cran de mire de l'arrière de la planche (rabattre la planche sur son pied, si elle n'y est déjà, placer le curseur sur le gradin qui marque la distance indiquée). Prendre la hausse supérieure dans le cas d'une distance comprise entre deux chiffres ronds.

De 800 à 900 mètres, viser par le cran de mire du curseur (planche levée, curseur baissé, ligne de mire de 900 mètres).

A partir de 900 mètres et jusqu'à 1900 mètres, viser par le cran de mire du curseur (placer le bord supérieur du curseur à la division qui marque la distance indiquée).

Les traits gravés sur le côté droit de la planche indiquent les distances de 100 en 100 mètres ; ceux gravés sur le côté gauche les indiquent de 50 en 50 mètres.

A 2,000 mètres, viser avec le cran supérieur de la planche levée.

2.

### 3° *Constatation de la régularité du pointage, corrections de pointage.*

**59.** Certains tireurs, même exercés, prennent mal la ligne de mire.

Pour faire constater ce défaut, l'instructeur procède de la façon suivante :

L'arme étant sur le chevalet de pointage et ne penchant ni à droite ni à gauche, l'instructeur dirige la ligne de mire de 250 mètres sur une cible placée à 10 mètres environ.

Le soldat, sans toucher à l'arme, prend la ligne de mire et fait placer sur le prolongement de cette ligne le bas d'un cercle noir d'un centimètre de diamètre, fixé à l'extrémité d'une tige rigide qu'un aide fait glisser le long de la cible. Le soldat indique, par signes, dans quel sens l'aide doit faire mouvoir le cercle. Lorsque le cercle est bien placé, l'aide en est averti, il marque alors au crayon la position indiquée par le centre du cercle, qui est à cet effet percé d'un trou.

On répète trois fois la même opération sans toucher à l'arme.

En réunissant, deux à deux, les trois points ainsi obtenus, l'instructeur forme un triangle. Si l'un des côtés du triangle a plus de 2 centimètres, il fait recommencer le pointage en vérifiant chaque visée et en montrant au soldat les erreurs qu'il commet.

Lorsque les dimensions du triangle indiquent un pointage constant, l'instructeur fait placer une

mouche au centre du triangle et vérifie la position
de cette mouche par rapport à la direction réelle
de l'arme. Si l'arme est mal pointée, il explique
au soldat que ce défaut provient de ce qu'il prend
mal la ligne de mire, bien qu'il pointe toujours
de la même manière.

Corrections de pointage. (Ligne de mire de<br>
400 mètres.)

**60.** Il est rare qu'on puisse atteindre le point
que l'on vise, de sorte que la correction de pointage, même avec une arme juste, est la règle et
non pas l'exception.

Le soldat doit savoir corriger son tir d'après les
indications données par l'instructeur et d'après
les déviations particulières à son arme.

L'instructeur place sur une cible une mouche
dont la position, par rapport au
point visé, représente l'écart du
tir. Il prescrit à chaque soldat
de corriger le pointage d'après
la position de cette mouche.
Ainsi, le but étant le point O,
si la mouche est placée en A,
l'arme bien pointée devra être
dirigée sur le point B, OB étant
égal à OA et sur son prolongement.

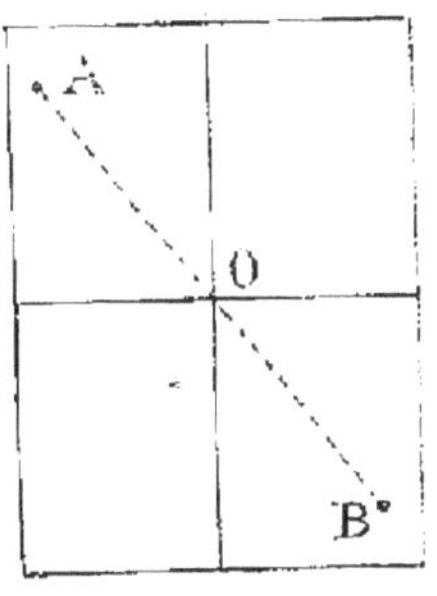

L'instructeur vérifie les corrections de pointage
en faisant lui-même placer une mouche au point
où vient aboutir la ligne de mire prise par le
tireur.

*4° Placement de l'arme à l'épaule, viser un point désigné en prenant les différentes lignes de mire.*

**61**. Pour cet exercice, les hommes sont placés sur un rang à un pas d'intervalle.

L'instructeur exerce d'abord le soldat à prendre la position du tireur debout de la façon suivante :

Elever l'arme avec la main droite, la saisir avec la main gauche entre la hausse et la boîte de culasse, le pouce allongé dans l'évidement du fût, la main à hauteur du coude, puis avec la main droite à la poignée, faire en même temps un demi-à-droite sur le talon gauche en portant le pied droit de 15 à 20 centimètres en arrière et de 25 à 30 centimètres sur la droite suivant la taille de l'homme, la pointe du pied un peu rentrée.

Abattre ensuite l'arme avec les deux mains, passer la main gauche entre l'arme et la bretelle, le pouce allongé dans l'évidement de gauche du fût, l'extrémité des autres doigts dans l'évidement de droite, le coude gauche joint au corps, la crosse maintenue entre le corps et l'avant-bras droit, le bout du canon à hauteur de l'épaule ; serrer fortement la poignée avec la main droite, le pouce en travers, la deuxième phalange du premier doigt en avant et contre la détente.

Le soldat étant dans la position du tireur debout, l'instructeur se porte en avant de lui et sur sa droite, lui retire son fusil, en le saisissant sous le levier et lui prescrit de laisser tomber les bras naturellement, d'élever l'épaule droite et de la porter en avant sans bouger l'épaule gauche.

L'instructeur applique fortement la plaque de couche contre l'épaule droite qu'il soutient de la main gauche, le pouce sous l'aisselle, le talon de la crosse affleurant à peu près la partie supérieure de l'épaule, le tranchant extérieur de la plaque de couche en dedans de la couture de la manche, l'arme horizontale ne penchant ni à droite, ni à gauche.

L'instructeur prescrit au soldat de saisir l'arme, d'abord avec la main droite à la poignée, puis avec la main gauche entre la hausse et le pontet, à une distance en rapport avec la longueur du bras et la corpulence de l'homme. Il cesse de soutenir l'arme, que le soldat maintient dans cette position, en continuant à l'appuyer fortement contre l'épaule. Le soldat reprend la position du tireur à l'avertissement de l'instructeur.

Lorsque l'homme est confirmé dans le placement de l'arme à l'épaule, l'instructeur l'exerce à mettre en joue avec les différentes lignes de mire.

Le soldat étant dans la position du tireur debout, l'instructeur lui explique qu'il doit regarder le point désigné, dès que ce point lui est indiqué.

Il dispose ensuite la hausse pour la distance

et regarde de nouveau le point désigné qui ne doit plus être perdu de vue.

Au commandement de joue, il met en joue, dirige la ligne de mire d'abord un peu au-dessous du point à viser, puis la remonte lentement jusqu'à ce qu'elle passe par ce point et cherche à l'y maintenir en s'efforçant de diminuer l'amplitude de ses oscillations.

Le soldat quitte ensuite la position sans commandement.

L'instructeur vérifie le pointage de la manière suivante :

Le miroir de pointage étant placé sur le fusil, l'instructeur se porte à hauteur de la hausse sur la gauche du soldat, l'œil droit à environ 30 centimètres du miroir ; il cherche dans le miroir les images du cran de mire, du guidon et du point visé, suit de l'œil les mouvements imprimés par le soldat à la ligne de mire et constate si ce dernier la dirige correctement sur le but.

La position relative des objets vus dans le miroir est inversée dans le sens latéral, c'est-à-dire que si le soldat pointe bas et à gauche, l'instructeur verra bas et à droite le point où aboutit la ligne de mire.

OBSERVATIONS.

Dans la position de joue :

La main droite serre fortement l'arme à la poignée pour assurer l'indépendance de l'index ;

faute de cette précaution, le mouvement du premier doigt se transmet à la main et à l'épaule quand on fait partir le coup.

Le coude droit est élevé pour faciliter le mouvement de l'épaule qui amène les lignes de mire inférieures à hauteur de l'œil.

Les deux mains exercent une traction continue vers l'épaule pour maintenir ainsi l'arme plus solidement.

L'épaule amène la ligne de mire à hauteur de l'œil, afin que l'homme ne soit pas obligé de baisser la tête et de rapprocher le nez du pouce. Elle a deux mouvements à faire :

1° Un mouvement de bas en haut pour amener la ligne de mire à hauteur de l'œil;

2° Un léger mouvement en avant pour arrêter la crosse et l'empêcher de glisser jusqu'au b is.

Ces deux mouvements simultanés ne sont pas faciles à obtenir dans le principe. On doit éviter toute exagération et ils ne doivent plus être apparents lorsque le tireur a acquis de la souplesse.

Il est souvent nécessaire que, dans la mise en joue avec les hausses faibles, le talon de la crosse dépasse la partie supérieure de l'épaule afin que l'homme ne baisse pas la tête pour prendre la ligne de mire.

Pour l'emploi des hausses supérieures à 1000 mètres, la mise en joue doit être modifiée ; il faut, en raison de la hauteur du cran de mire :

1° Baisser l'épaule, le coude et la crosse afin

de n'être pas obligé de lever la tête en tendant le cou, pour prendre la ligne de mire ;

2° Placer la main gauche contre le pontet, le poignet légèrement remonté, l'arme maintenue entre le pouce et les quatre doigts de la main gauche réunis.

L'instructeur devra habituer le soldat à faire mouvoir l'arme dans tous les sens, l'œil restant toujours lié à la ligne de mire.

Le mouvement qui consiste à viser un point désigné, en prenant les différentes lignes de mire, est répété dans les positions du tireur à genou et couché.

Ces deux positions se prennent de la manière suivante :

*Position du tireur à genou.* — Faire un demi-à-droite, porter en même temps le milieu du pied droit à environ 30 centimètres en arrière et 15 centimètres à gauche du talon gauche, suivant la taille de l'homme, la direction du pied droit faisant un angle d'environ 45 degrés avec celle du pied gauche ; saisir en même temps le fourreau de la baïonnette avec la main gauche et le ramener en avant, les épaules effacées et la tête directe.

Mettre le genou droit à terre dans la direction du pied droit, laisser la crosse appuyée à terre, s'asseoir sur le talon droit, placer le fourreau de la baïonnette le bout en avant.

Saisir l'arme avec la main gauche entre la hausse et la boîte de culasse, puis avec la main droite à la poignée comme dans la position debout et l'abattre avec les deux mains.

Passer la main gauche entre l'arme et la bretelle, le pouce allongé dans l'évidement de gauche du fût, l'extrémité des autres doigts dans l'évidement de droite, l'avant-bras gauche appuyé sur la cuisse gauche, la plaque de couche sur la cuisse droite au-dessous de la cartouchière.

Dans la position à genou, les différences de conformation ne permettent pas à tous les hommes de mettre en joue de la même manière.

L'instructeur prescrit aux hommes qui ont le buste long d'affaisser le corps sur la jambe droite et de placer la jambe et l'avant-bras gauches aussi verticalement que possible, pour utiliser toute leur longueur; à ceux dont le bras est trop court, de soutenir l'arme par le pontet.

Dans tous les cas, l'instructeur exige :

1° Que, dans le mouvement de joue, la crosse soit mise à l'épaule comme dans la position debout; le genou droit placé en avant du pied droit a pour conséquence de faire avancer l'épaule du même côté;

2° Que la tête soit peu inclinée, surtout en avant, afin de ne pas trop rapprocher le nez du pouce de la main droite.

3

*Position du tireur couché.* — Faire un demi-à-droite, porter la crosse à environ 85 centimètres en avant et vis-à-vis de l'épaule droite.

Poser les deux genoux à terre dans la direction du fusil, descendre la main droite le long du canon, se coucher sur le côté gauche dans la même direction, en abattant l'arme dans la main gauche.

Passer la main gauche entre l'arme et la bretelle, le pouce allongé dans l'évidement de gauche du fût, l'extrémité des autres doigts dans l'évidement de droite, le levier en dessus.

Saisir la poignée avec la main droite comme dans la position debout.

Lorsque le soldat couché met en joue, le corps doit être placé obliquement par rapport à la direction de tir, afin d'éviter d'appuyer la crosse sur la clavicule.

5° *Action du doigt sur la détente.*

**62.** Le soldat étant dans la position du tireur debout et le fusil étant armé, l'instructeur lui enseigne à agir sur la détente de la manière suivante :

La main droite serrant l'arme à la poignée, comme il est prescrit pour le mouvement de joue, fixer les yeux sur le chien, agir sur la détente avec l'extrémité antérieure de la deuxième phalange afin d'amener la seconde bossette en contact avec le dessous de la boîte de culasse; marquer un temps d'arrêt, puis faire partir le coup en fermant franchement le doigt.

### OBSERVATIONS.

Il est essentiel que le tireur s'habitue à reconnaître, par la résistance qu'il éprouve, le moment où la seconde bossette de la détente vient s'appuyer contre le dessous de la boîte de culasse, il n'a plus alors qu'un léger effort à produire pour faire partir le coup.

L'instructeur ordonne au soldat de s'exercer à agir seul sur la détente.

6° *Faire partir le coup sans déranger le pointage.*

**63**. L'instructeur fait ensuite pointer et tirer les soldats dans les trois positions du tireur en employant d'abord la ligne de mire de 250 mètres, puis successivement toutes les lignes de mire de l'arme. A cet effet, il passe devant chaque soldat, lui indique la hausse à prendre; le soldat met en joue, amène la seconde bossette de la détente contre le dessous de la boîte de culasse, et, à l'instant où la ligne de mire passe par le point visé, il fait partir le coup. Il reprend ensuite la position du tireur.

Le tireur doit pouvoir accuser son coup, c'est-à-dire préciser le point sur lequel était dirigée la ligne de mire au moment où le chien a été dégagé.

A l'aide du miroir de pointage, l'instructeur s'assure que l'homme sait bien viser un point désigné et maintenir son arme sur ce point au moment où il agit sur la détente.

### Art. II. — Tir réduit.

**64**. Le tir réduit est un moyen de constater les résultats obtenus, de corriger les défauts des tireurs, et de les préparer au tir réel ; il a donc une très grande importance.

**65**. Les exercices comprennent :

1° Des tirs individuels dans les trois positions, d'abord sur cibles rondes (1), puis sur silhouettes ;

2° Des tirs individuels sur buts mobiles et à éclipse ;

3° Des tirs de vitesse ;

4° Des tirs individuels à commandement ;

5° Des feux de salve.

**66**. Il est alloué annuellement, pour chaque homme, 150 cartouches de tir réduit.

Le tir réduit ne donne lieu à aucune comptabilité.

---

(1) Un diamètre de 10 centimètres convient à la distance de 15 mètres.

**67**. Les capitaines ont la libre disposition des munitions, ils en prélèvent quelques-unes pour démontrer le rôle de la hausse par le procédé ci-après.

### Démonstration du rôle de la hausse.

L'instructeur, après avoir expliqué que le fusil doit être d'autant plus incliné au-dessus du plan horizontal que le but à atteindre est plus éloigné, démontre pratiquement :

1° Que si l'on vise toujours le même point, le bout du canon s'élève en même temps qu'on prend une hausse plus forte ;

2° Que si l'on penche l'arme à droite ou à gauche, les coups portent toujours du côté où l'arme penche et plus bas.

### Exercices de tir.

**68**. Les gradés et les tireurs de 1$^{re}$ et de 2$^e$ classe peuvent être dispensés des exercices de tir réduit dans les limites que le capitaine juge convenables.

Les hommes ne passent au tir sur silhouettes qu'après avoir obtenu de bons résultats aux tirs antérieurs.

Les tirs sur buts mobiles et à éclipse et les tirs de vitesse préparent le soldat à charger, à épauler rapidement sans jamais perdre de vue l'objectif et à obtenir ainsi l'effet utile maximum.

Le dressage en vue des feux collectifs commence par des tirs individuels à commandement, chaque homme tirant sur une cible.

On exerce ensuite les hommes à exécuter des feux d'escouade sur un objectif unique.

Les objectifs des tirs individuels peuvent servir pour les feux collectifs.

**69.** Les chefs de corps font organiser leurs stands et varier les objectifs de manière à rendre les séances à la fois intéressantes et profitables.

**70.** Il est alloué à chaque homme de la réserve ou de l'armée territoriale, convoqué pour une période d'instruction, 36 cartouches de tir réduit qui sont consommées conformément aux prescriptions ci-dessus.

### Art. III. — Appréciation des distances.

#### CONSIDÉRATIONS GÉNÉRALES.

**71.** On apprécie les distances à la vue, au son et à l'aide d'instruments.

L'appréciation des distances à la vue est enseignée jusqu'à 600 mètres aux caporaux et aux soldats et jusqu'à 1200 mètres aux officiers et aux sous-officiers.

Au delà de 1200 mètres, on apprécie les distances à l'aide de cartes et de télémètres.

Ces exercices sont l'objet d'une pratique constante.

## APPRÉCIATION DES DISTANCES A LA VUE.

**72**. L'appréciation d'une distance à la vue est basée sur le degré de visibilité du but, sur sa hauteur apparente lorsqu'on connaît ses dimensions et principalement sur la comparaison de son éloignement avec une distance connue que l'homme a devant les yeux ou qu'il a pu, par de nombreux exercices, se graver dans la mémoire.

On apprécie, en général, trop court par un temps clair, quand on a le soleil derrière soi, quand l'objectif est très éclairé ou qu'on l'observe de bas en haut. Il en est de même sur un sol uniforme, sur l'eau et sur un terrain accidenté dont certaines dépressions échappent à la vue.

On estime, au contraire, généralement trop long par un temps brumeux, au crépuscule, dans les bois, quand on a le soleil en face, quand l'objet se détache sur un fond sombre ou qu'on l'observe de haut en bas. Il en est de même lorsque les adversaires ne sont visibles qu'en partie.

Indépendamment de toutes ces influences, au combat, on apprécie généralement trop court.

La distance réelle des objectifs servant aux exercices d'appréciation sera mesurée au pas et, pour les grandes distances, au moyen de cartes ou d'instruments.

Avant de commencer les appréciations de distance, on familiarise d'abord les caporaux et les soldats avec l'impression des deux longueurs de 300 et de 600 mètres, et les sous-officiers avec les distances de 300, 600, 900 et 1200 mètres. Les observations faites à ces distances se graveront facilement dans la mémoire et permettront d'encadrer le but entre deux hausses suffisamment rapprochées.

Les exercices d'appréciation des distances à la vue ont lieu par tous les temps et dans toutes les saisons. Ils portent sur des fantassins, des cavaliers, des voitures et sur tous les accidents du sol pouvant servir d'abri ou de ligne de défense tels que : lisière de bois, haies, levées de terre, maisons, etc.

Les hommes signalent la distance appréciée en prenant la hausse correspondante.

**APPRÉCIATION DES DISTANCES AU MOYEN DU SON.**

**73**. Le son parcourt environ 333 mètres par seconde.

Lorsqu'on aperçoit la fumée ou la lueur d'un coup de feu, il s'écoule un certain temps avant qu'on entende la détonation. Si l'on évalue ce temps en secondes, on pourra en déduire la distance que le son a parcourue.

**APPRÉCIATION DES DISTANCES<br>A L'AIDE D'INSTRUMENTS.**

**74**. Les chefs de bataillon enseignent à leurs officiers l'usage des télémètres en service dans l'infanterie. Ils profitent de tous les exercices extérieurs pour faire de nombreuses applications.

Les sous-officiers qui présenteront une aptitude suffisante seront également exercés à la pratique des télémètres.

### OBSERVATIONS.

**75**. Dans certains cas, quelques salves d'essai pourront donner une indication précieuse pour apprécier la distance et par suite régler le tir.

Pour que cette opération produise un résultat, il faut que le terrain soit visible en avant du but, que la nature du sol permette d'observer les points d'arrivée, que le but soit immobile et que les tireurs ne soient pas sous un feu vif; elle nécessite en outre un certain temps. Elle ne pourra donc être faite utilement que dans des circonstances assez rares.

A la guerre, on constate que la distance a été bien appréciée, par les mouvements ou le désordre qui se produisent sur la ligne ennemie.

### Art. IV. — Tirs individuels d'instruction.

**76**. Les tirs d'instruction ont lieu en tenue d'exercice avec le sac vide.

Aucun soldat n'est admis à ces tirs s'il n'y a été préparé suffisamment par le tir réduit.

3.

Les deux premières séances des tirs d'instruction ont pour but de confirmer les jeunes soldats dans la pratique du pointage et de les habituer à la détonation et au recul. Ces deux tirs ne sont pas enregistrés ; ils ne comptent pas pour le classement et ne sont pas exécutés par les gradés ni par les tireurs de 1re et de 2e classe.

Les tirs d'instruction ont lieu conformément aux indications du tableau ci-après :

| NU-MÉROS des séances. | DIS-TANCES de tir. | ESPÈCES DE TIR. | NOMBRE de cartouches à balle. |
|---|---|---|---|
| 1 | 100 | Debout sur appui............. | 6 |
| 2 | 100 | A genou sur la cible de 0m,50 de diamètre.............. | 6 |
| 3 | 200 | Debout sur la cible de 1 mètre de diamètre.............. | 6 |
| 4 | 300 | A genou sur la cible de 1m,50 de diamètre.............. | 6 |
| 5 | 400 | Couché sur la cible de 2 mètres de diamètre.............. | 6 |
| 6 | 300 | Debout sur la cible de 1m,50 de diamètre.............. | 6 |
| 7 | 200 | A genou sur la cible de 1 mètre de diamètre.............. | 6 |
| | | Total..... | 42 |

**77.** La surface destinée à recevoir les balles est une cible carrée de 2 mètres de côté dont le cadre est en bois.

On trace au centre de ce panneau des cercles qui ont respectivement $0^m,50$, 1 mètre, $1^m,50$ et 2 mètres de diamètre, suivant que la distance est de 100, 200, 300 ou 400 mètres. A l'intérieur de chacun d'eux, on trace des cercles concentriques d'un diamètre moitié moindre ; ces cercles sont tracés au crayon.

Deux axes, l'un vertical, l'autre horizontal sont peints en noir sur les panneaux ; ces axes, qui se coupent au centre de la cible, ont une largeur de huit centimètres.

### OBSERVATIONS.

**78.** Le premier coup de fusil tiré par un homme influe sur les résultats de ses tirs ultérieurs. Il importe donc que ce début se fasse dans les meilleures conditions et que le soldat n'en conserve aucune mauvaise impression.

A cet effet, les tirs d'instruction sont exécutés autant que possible par un temps calme. On évite les journées pluvieuses ou trop froides. Des abris sont installés, en cas de besoin, sur le terrain pour protéger le tireur contre les intempéries.

**79.** Afin que l'homme se rende compte de la valeur de son tir, un gradé placé près de lui marque sur un carnet portant le figuratif de la cible, la position de chaque point d'impact ; ce carnet sert pour tous les tirs individuels d'instruction et d'application.

Le tir achevé, le carnet est remis au tireur, auquel le gradé fait remarquer où ses balles ont porté par rapport au point visé.

D'après ce renseignement, l'instructeur donne au soldat les indications nécessaires pour corriger ses défauts dans les tirs suivants.

**80**. Pour l'exécution des tirs, le capitaine fractionne sa compagnie d'après le nombre de cibles qui lui sont affectées.

Les hommes qui doivent tirer sont sur un rang, par le flanc, face aux cibles et à vingt pas en arrière du point que doit occuper le tireur. Ils sont au repos, l'arme au pied et gardent le silence.

Les fractions qui attendent leur tour restent à cinquante pas en arrière, forment les faisceaux et rompent les rangs, mais sans s'éloigner.

Ces dispositions préliminaires étant prises, on commence le feu.

Les officiers tirent les premiers, puis les adjudants, les sergents-majors et les autres sous-officiers ; l'homme de tête de chaque fraction se porte ensuite au point que doit occuper le tireur et tire ses balles.

Après chaque coup, le soldat constate le résultat de son tir d'après la position du tampon. Son tir achevé, il dit à haute voix : un tel, tant de balles, tant de points et va se placer, l'arme au pied, à six pas en arrière de la fraction à laquelle il appartient ; il est remplacé par le tireur suivant.

**81**. On marque deux points pour toute balle ayant atteint la zone intérieure, un point pour toute balle ayant touché la zone extérieure et zéro pour toute balle ayant frappé la cible en dehors de la surface à atteindre. La balle ayant touché le trait de séparation de deux zones est considérée comme étant dans la zone intérieure.

### Causes d'irrégularité dans le tir.

**82**. Elles proviennent principalement de l'arme, du tireur et des circonstances atmosphériques.

**83**. Malgré tous les soins apportés dans la fabrication de l'armement, il peut se produire des déviations imputables à l'arme ; chaque homme doit apprendre à connaître celles qui sont particulières à son fusil et régler son tir en conséquence.

**84**. Les causes d'irrégularité qui proviennent du tireur sont le plus habituellement le coup d'épaule et le coup de doigt.

Le *coup d'épaule* provient de l'appréhension du recul ; pour corriger ce défaut, l'instructeur retire l'arme au soldat, la charge ou fait le simulacre de la charger sans que celui-ci puisse s'en apercevoir, lui repasse son arme et lui prescrit ensuite de continuer le tir.

Le *coup de doigt* provient de l'inapplication des principes enseignés aux exercices préparatoires pour l'action du doigt sur la détente ; on remet les hommes à cet exercice jusqu'à ce qu'ils sachent faire partir le coup correctement.

**85**. Les *circonstances atmosphériques* influent sur la régularité du tir.

Le vent qui souffle de droite ou de gauche produit une déviation latérale du projectile en sens contraire. Cette déviation, qui augmente avec la distance, peut, avec un vent de 5 mètres de vitesse, atteindre 8 à 10 mètres à la distance de 1000 mètres.

Le vent d'arrière augmente la portée, celui d'avant la diminue.

Lorsqu'il souffle obliquement il produit à la fois des déviations en direction et en portée.

Les portées s'accroissent à mesure que la température s'élève ; elles décroissent à mesure que la température s'abaisse.

La sécheresse diminue la densité de l'air et augmente la portée. L'humidité, la pluie, la neige augmentent la densité de l'air et produisent une diminution de la portée.

Suivant que le soleil est à droite ou à gauche du tireur, il éclaire l'appareil de pointage de telle sorte que le tir peut être dévié du côté opposé.

## CHAPITRE VII.

### Instruction du tireur pour le combat.

**86**. L'instruction préparatoire du tireur a eu pour but de développer l'adresse du soldat au tir de stand ou de polygone. Mais, quelle que soit l'importance de cette instruction, elle est insuffisante pour permettre à l'homme de se servir avantageusement de son arme dans le combat. Il est nécessaire de la compléter en formant le tireur en vue du champ de bataille.

On fait exécuter à cet effet :

1° Des tirs d'application qui habituent le soldat à tirer sur des cibles présentant l'aspect des objectifs qu'il aura le plus souvent devant lui à la guerre ;

2° Des tirs de combat individuels dans lesquels le soldat utilise le terrain pour se poster, appuyer son arme, faire feu sur des buts fixes ou mobiles et à distance inconnue ;

3° Des feux collectifs qui habituent le soldat à la discipline du feu et le préparent aux tirs de combat collectifs ;

4° Des tirs de combat collectifs qui sont exécutés par une compagnie ou un bataillon passant par les différentes phases d'une action.

### Art. I. — Tirs d'application.

**87**. Les tirs d'application ont lieu en tenue d'exercice avec le sac chargé.

Aucun homme n'est admis aux tirs d'application si, dans les tirs d'instruction, il n'a pas obtenu au moins 25 points. Ceux qui n'ont pas satisfait à ces conditions recommencent les tirs d'instruction indiqués par le capitaine ; suivant leurs progrès, ils sont admis aux tirs d'application, qu'ils prennent à la séance de tir à laquelle on est arrivé.

Les tirs d'application sont exécutés conformément aux indications du tableau ci-après :

| NU-MÉROS des séances. | DIS-TANCES de tir. | ESPÈCES DE TIR. | NOMBRE de cartouches à balle. |
|---|---|---|---|
| 8 | 200 | A genou sur une silhouette d'homme couché.............. | 6 |
| 9 | 300 | Sur appui dans une tranchée sur une silhouette d'homme à genou................. | 6 |
| 10 | 300 | Debout sur une silhouette d'homme debout............ | 6 |
| 11 | 400 | Couché sur deux silhouettes d'homme à genou.......... | 6 |
| 12 | 600 | A genou sur quatre silhouettes d'homme debout, séparées par un intervalle de $0^m,15$.. | 6 |
| 13 | 250 | Feu à répétition, limité à une durée de 30 secondes, sur deux silhouettes d'homme debout séparées par un intervalle de $0^m,15$............ | 8 |
| 14 | 200 | Debout sur une cible-buste paraissant ou disparaissant en un même point de la tranchée.................. | 6 |
| | | TOTAL...... | 44 |

**88.** Pour les tirs d'application, les compagnies sont fractionnées comme dans les tirs d'instruction.

Pour les tirs 8, 9 et 10, la silhouette est tracée sur le bas d'un panneau de 1 mètre de base sur 2 mètres de hauteur. Une ligne horizontale passant par le sommet de la silhouette limite la partie de la cible à atteindre. Toute balle qui frappe la silhouette de plein fouet compte deux points ; toute balle qui frappe la cible en dessous de la ligne horizontale et en dehors de la silhouette compte un point.

Pour les tirs 11 et 13 on trace deux silhouettes sur le bas d'un panneau de 2 mètres de côté. Ces silhouettes sont encadrées dans un rectangle qui représente la surface à atteindre ; ce rectangle, de même hauteur que les silhouettes, a $1^m,50$ de base.

Pour le 12ᵉ tir, les silhouettes sont tracées sur un panneau de 3 mètres de base et de 2 mètres de hauteur. Un trait horizontal passant par leur sommet limite la surface à atteindre.

Dans les tirs 11, 12 et 13, toute balle qui touche de plein fouet le rectangle dans lequel les silhouettes sont tracées compte deux points.

Dans tous les tirs d'application les ricochets comptent un point.

Dans les cinq premiers tirs d'application, les points d'impact sont signalés et bouchés comme aux tirs d'instruction.

**89.** Dans la 13ᵉ séance, au commandement de : *Feu à répétition*, fait par un des officiers de la compagnie, chaque tireur se porte en face de la cible qui lui est affectée et charge son arme.

Dès que toutes les armes sont chargées, l'officier commande :

*A 250 mètres,*

COMMENCEZ LE FEU.

Les hommes tirent aussitôt en visant le pied du but et le feu continue jusqu'au commandement de : « CESSEZ LE FEU » qui doit être fait 30 secondes après celui de : « COMMENCEZ LE FEU ».

Au commandement de CESSEZ LE FEU, répété par la sonnerie du clairon, les hommes cessent le feu, ouvrent la culasse et mettent l'arme au pied. Ceux qui n'ont pu tirer toutes les cartouches contenues dans le magasin désapprovisionnent leur arme.

Aussitôt que les marqueurs entendent la sonnerie de : « CESSEZ LE FEU », ils lèvent les fanions. A un coup de langue donné sur l'ordre de l'officier, les fanions sont baissés, puis les marqueurs placés dans la tranchée signalent le nombre de balles mises en élevant leur fanion verticalement et en l'agitant de droite à gauche autant de fois qu'il y a de balles ayant atteint la cible de plein fouet ; pour les ricochets, le fanion est agité verticalement. Les gradés placés auprès des tireurs inscrivent les résultats sur les situations.

Chaque soldat se retire après avoir constaté le résultat de son tir. Lorsque les trous ont été bouchés, les marqueurs abaissent les fanions pour montrer qu'ils sont prêts ; le tir est alors exécuté par une nouvelle série de tireurs, ainsi qu'il vient d'être indiqué.

Pendant que les hommes d'une série effectuent leur tir, ceux de la série suivante, placés à leur droite et sur le même alignement, approvisionnent leurs magasins.

**90**. Pour le 14ᵉ tir on se sert d'une cible-buste en bois fixée au bout d'une perche que manœuvre un marqueur placé dans la tranchée. Les cibles bustes se distinguent l'une de l'autre par un signe particulier bien visible. Elles apparaissent pendant trois secondes et disparaissent pendant un laps de temps égal.

Les résultats sont signalés comme pour le 13ᵉ tir.

**91**. Lorsque l'étendue du champ de tir ne permet pas d'exécuter les tirs d'instruction et d'application aux distances prescrites, on les exécute à la distance extrême dont on dispose.

### Art. II. — Tirs de combat individuels.

**92**. Les tirs de combat individuels s'exécutent en sacrifiant la régularité de la position à l'avantage que trouve le tireur à utiliser les accidents du sol pour se couvrir et appuyer son arme. Ils sont faits en tenue de campagne et ne sont exécutés que par les soldats admis aux tirs d'application.

**93**. Dès que les soldats sont admis au tir réduit, on les dresse en vue de l'exécution des tirs de combat individuels. A cet effet, on les exerce au quartier à viser et à faire partir le coup sur appui dans les trois positions, en utilisant le bord d'une fenêtre, la crête ou l'extrémité d'un mur, les piquets à gradins, le tronc des arbres, etc.

**94**. Ils sont conduits ensuite en terrain varié et on fait apparaître devant eux, à des distances différentes, des hommes isolés ou des groupes qui, se comportant comme le tirailleur en campagne, avancent ou reculent, utilisent les accidents du sol, se défilent derrière les arbres, les buissons et les talus. Les soldats les observent, choisissent dans un rayon de peu d'étendue la place qui leur paraît la meilleure pour bien voir leurs adversaires, s'abriter et appuyer leur arme; ils jugent s'ils doivent tirer et apprécient dans ce cas la hausse à prendre.

L'instructeur rectifie les fautes commises.

Les hommes sont d'abord exercés individuellement, puis par groupe.

**95**. Les marches militaires et les exercices du service en campagne sont mis à profit pour perfectionner cette instruction.

**96**. Lorsque, dans des circonstances exceptionnelles, le soldat est isolé et agit hors de la surveillance immédiate de ses chefs, on lui apprend qu'il ne doit pas tirer à plus de :

200 mètres sur un homme abrité ou couché ;

300 mètres sur un homme debout ou à genou ;

400 mètres sur un cavalier isolé ;

600 mètres sur un but constitué par un groupe de 4 hommes et plus.

**97**. L'instruction du tireur pour le combat se donne d'abord avec de fausses cartouches, puis avec des cartouches sans balle. Elle est confirmée par des tirs réels exécutés dans les conditions suivantes.

Ces tirs sont faits de pied ferme ou en avançant, à distance généralement inconnue et sur des buts variés suivant un programme établi par le capitaine.

Les capitaines ont toute latitude pour le choix de ces objectifs qui consistent généralement en silhouettes, cibles-bustes, mannequins immobiles ou en mouvement, apparaissant et disparaissant.

Ces tirs se font habituellement sur le champ de tir de la garnison ; les capitaines utilisent alors les installations qui auront été faites dans ce but, telles que fossés, levées de terre, petits murs d'appui, troncs d'arbres, etc.

Ils font varier ces exercices autant que le com-

porte la topographie du champ de tir et les res-
sources en matériel dont ils disposent. Ils ne
perdent pas de vue, en outre, qu'il y a le plus
grand intérêt à habituer leurs hommes à tirer
convenablement, après avoir supporté les fatigues
d'une marche ou après avoir parcouru, à une
allure vive, une partie de terrain pour atteindre
un emplacement favorable.

**98.** Pour l'exécution de ces tirs, le capitaine
répartit ses hommes d'après le nombre d'objectifs.
Ces tirs se font par série et les résultats ne sont
relevés qu'après le tir de chaque série.

Si le tir a lieu en avançant, l'officier directeur
de la manœuvre fixe le nombre de cartouches à
brûler à chaque position, et les hommes ne
gagnent l'abri suivant que sur un nouvel ordre
de l'officier. Pendant la marche, la culasse est
toujours ouverte.

**99.** Pour l'ouverture et la cessation du feu,
on se conforme aux prescriptions données pour
les tirs d'application 13 et 14. Un clairon accompagne toujours l'officier directeur de la manœuvre.

**100.** Lorsque les tirs de combat individuels
ne peuvent pas être exécutés sur les champs de
tir de garnison, on profite du déplacement des
régiments sur un polygone pour y exercer les
tireurs de 1$^{re}$ et de 2$^e$ classe.

Ces tirs sont exécutés avec des cartouches d'économie et, dans le cas où le capitaine ne disposerait que d'un nombre insuffisant de munitions, il pourrait en prélever quelques-unes sur celles affectées aux feux collectifs.

### Art. III. — Feux collectifs.

**101**. Les feux collectifs sont exécutés par tous les tireurs sans distinction de classe. Ils sont faits en tenue de campagne et conformément au tableau de la page 60 :

(TABLEAU.)

| NUMÉROS des séances. | DISTANCES de tir. | ESPÈCES DE TIR. | NOMBRE de cartouches | |
|---|---|---|---|---|
| | | | sans balle. | à balle. |
| 1 | métr. 800 | Feux de salve de section, debout ou à genou, commandés par les sergents... | 4 | 1 |
| 2 | 1,000 | Feux de salve de section, debout ou à genou, commandés par les chefs de section. | 4 | 4 |
| 3 | 800 | Feux de salve de section, debout ou à genou, commandés par les chefs de section et limités à une durée de 45 secondes............. | 6 | 6 |
| | | FEUX A VOLONTÉ. | | |
| 4 | de 600 à 400 | Feux à volonté en avançant de position en position, dirigés par les chefs de section................. | » | 6 |
| 5 | 350 | Feux rapides dirigés par les chefs de section (hausse de 400$^m$), limités à une durée de 30 secondes ........... | » | 6 |
| 6 | 200 | Feux à répétition, debout ou à genou, commandés par les chefs de section et limités à une durée de 30 secondes................. | » | 8 |
| | | TOTAUX....... | 14 | 34 |

Les feux de salve et les feux à volonté sont exécutés sur des panneaux formés de cibles accolées ayant 2 mètres de hauteur et un front de 20 mètres. Le profil des silhouettes (28 silhouettes d'homme debout à 0^m,15 d'intervalle) est tracé sur ces panneaux à l'aide d'un gabarit ; l'intérieur de ce profil est ensuite peint en noir.

### Feux de salve.

**102**. Les salves s'exécutent par section.

Les sections d'une même compagnie effectuent leur tir, soit successivement si l'on ne peut placer qu'un objectif, soit simultanément si l'on peut en placer plusieurs suffisamment espacés.

Le point à viser et la hausse à prendre sont déterminés par l'officier qui a sous son commandement immédiat la fraction constituée qui va tirer.

Dans le cours de l'exercice, il peut modifier la hausse ou prescrire de viser un point autre que celui qu'il avait d'abord indiqué.

Le nombre des balles mises est communiqué par l'officier de tir au capitaine, qui l'inscrit sur sa situation.

Pendant la séance, l'officier de tir et les marqueurs restent dans des abris construits à proximité des objectifs.

Après chaque série de feux, l'officier de tir relève les résultats et les marqueurs bouchent les trous. Les ricochets sont comptés comme les coups de plein fouet.

4

Dans les feux de salve, si un accident quelconque provenant de l'arme ou de la cartouche empêche un homme de tirer, cet homme ne doit, en aucun cas, sortir du rang ni échanger son fusil ; il simule le feu en exécutant les mêmes mouvements que le reste de la troupe.

### Feux à volonté.

**103.** Les hommes visent toujours correctement et, même dans les feux rapides, ils ne doivent chercher à augmenter la vitesse du tir que par la rapidité du chargement et de la mise en joue.

Pendant l'exécution de ces feux, les chefs de section et les sous-officiers ne font aucune observation.

Les résultats sont relevés par l'officier de tir après le tir de chaque section. Ils sont communiqués au capitaine, qui les fait inscrire sur la situation.

Lorsque le champ de tir n'a pas une étendue suffisante pour permettre l'exécution des feux collectifs aux distances indiquées, on les exécute en même temps que les tirs de combat collectifs ; ils précèdent ces derniers et préparent ainsi la troupe à leur bonne exécution.

### Art. IV. — Tirs de combat collectifs.

**104.** Les tirs de combat collectifs sont exécutés à distance inconnue et en tenue de campagne par tous les hommes de la compagnie.

Ils ont pour objet d'habituer les hommes à la discipline du feu et notamment :

1° A ouvrir le feu le plus vite possible sur un objectif déterminé ;

2° A changer d'objectif au cours d'un tir ;

3° A passer d'une espèce de feu à une autre ;

4° A cesser le feu instantanément au signal donné.

Pour les cadres, ils sont une école de réglage et de conduite des feux.

Ils exercent la troupe et les cadres à tirer parti du feu dans certaines situations particulières, par exemple en présence d'une attaque soudaine de la cavalerie.

**105**. Les chefs de corps fixent le programme des tirs d'après les terrains et le matériel dont ils disposent. Ce programme est soumis à l'approbation des généraux.

Les objectifs, constitués par des silhouettes et des panneaux ou par des buts roulants, représentent les différentes armes. Ils sont placés d'avance à découvert ou défilés en partie derrière des plis de terrain ou des tranchées de divers profils ; ils sont abattus ou relevés suivant les phases de l'opération.

**106**. Pour l'exécution des feux, la troupe est supposée encadrée et au contact ; mais les diverses fractions se comportent comme en présence de l'ennemi. En première ligne, et jusqu'à l'ouverture du feu, elles sont précédées de leurs éclaireurs.

Des fanions disposés d'avance indiquent la ligne sur laquelle les éclaireurs doivent s'arrêter.

Ces fanions sont placés au moins à 1000 mètres et au plus à 2,000 mètres de l'objectif le plus rapproché.

Les compagnies sont à l'effectif de 200 hommes environ avec cadres du pied de guerre.

Les officiers et les sous-officiers non employés assistent à ces exercices.

**107**. Afin d'éviter toute chance d'accident, les armes ont la culasse ouverte dès la cessation du feu et jusqu'à sa reprise ou jusqu'à l'inspection des armes ; il en est de même toutes les fois que les tireurs se déplacent.

**108**. Les sous-officiers apprécient la distance à la vue ; les chefs de section l'apprécient suivant le cas, à la vue ou au moyen du télémètre et de la carte.

Lorsqu'on connaît approximativement la distance du but, on détermine la hausse à employer et le point à viser en tenant compte des circonstances atmosphériques. Les commandants de compagnie donnent aux sous-officiers les renseignements nécessaires pour les guider dans cette opération.

Le chef de la fraction qui tire se place de manière à pouvoir observer les points d'arrivée des projectiles.

**109**. Avant d'exécuter les tirs de combat collectifs, la troupe doit avoir fait une marche ou une manœuvre d'une certaine durée, de façon à se trouver dans des conditions analogues à celles d'un combat réel.

**110**. A la sonnerie de GARDE A VOUS, l'officier de tir et les marqueurs se portent sur le flanc de la troupe qui va tirer ou dans des abris construits à proximité des objectifs. Des officiers sont commandés pour aider les officiers de tir à relever les résultats ; un clairon leur est adjoint.

La sonnerie de COMMENCEZ LE FEU indique le commencement de l'opération. Ces deux sonneries sont répétées par le clairon qui accompagne les marqueurs.

Les feux et le fonctionnement des diverses fractions ont lieu conformément aux prescriptions du règlement sur les manœuvres.

**111**. La répartition des munitions est réglée par les soins du directeur de la manœuvre, de manière que les fractions engagées au début de l'action reçoivent plus de cartouches que les autres.

**112.** Les résultats du tir sont relevés à la fin de la manœuvre ou après chacune des phases. A cet effet, le commandant de la compagnie ou du bataillon ordonne, au moment voulu, de faire les sonneries de CESSEZ LE FEU et de LEVEZ-VOUS qui sont répétées par le clairon des marqueurs.

Au dernier signal, les officiers désignés comptent les balles mises dans les silhouettes, les marqueurs bouchent les trous et changent, s'il y a lieu, la disposition des objectifs; l'officier de tir fait mesurer la distance entre l'objectif et les tireurs. Le clairon placé auprès des marqueurs signale les balles mises, en donnant un coup de langue traînant pour chaque dizaine de balles et un coup de langue bref pour chaque balle en plus du nombre des dizaines.

Le feu est repris ou arrêté dans les conditions indiquées plus haut et avec les mêmes sonneries.

**113.** A la fin de la séance, le commandant de la manœuvre remet au capitaine de tir le nombre des tireurs, des balles tirées ainsi que les hausses employées; à l'aide de ces renseignements, le capitaine de tir établit le compte rendu de la séance.

Les résultats des tirs sont communiqués aux officiers réunis. Le chef de corps ou l'officier le plus élevé en grade leur fait ensuite part des observations de toute nature auxquelles la conduite de la manœuvre et l'exécution des feux peuvent avoir donné lieu.

**114.** Les tirs de combat exigent des terrains vastes et accidentés permettant de tirer sans danger dans diverses directions, de faire varier la disposition et l'aspect des objectifs, et permettant le développement d'une action menée par une compagnie ou par un bataillon.

De tels terrains existent dans les camps d'instruction. Mais pour éviter des déplacements onéreux, les régiments ou les bataillons qui se trouvent à proximité de terrains favorables doivent chercher à les utiliser. A cet effet, les chefs de corps sont autorisés à s'entendre avec les municipalités pour exécuter des tirs de combat à certaines époques de l'année, notamment en octobre et en novembre, et quelquefois même en hiver.

Dans le cas où l'entente est possible, l'allocation de cartouches prescrite pour les tirs de combat collectifs est accordée à ces corps.

# CHAPITRE VIII.

## Règles pour la conduite des feux.

---

### Art. I. — Emploi des différents feux.

**115.** En principe, le feu est conduit par groupe, il doit toujours pouvoir être arrêté et repris instantanément à la volonté des chefs.

**116.** L'effet moral du feu est d'autant plus grand que son action est plus instantanée.

**117**. Dans l'offensive, un tir prématuré ralentit le mouvement en avant et contribue sans résultat sérieux à l'épuisement des munitions ; on ne devra donc généralement commencer le feu que le plus tard possible.

Dans la défensive, le réapprovisionnement en munitions est facile et il y a intérêt à gêner le plus tôt possible la marche de l'assaillant ; on pourra dès que l'ennemi devient vulnérable, donner au feu une grande intensité.

Dans tous les cas, on conduit le feu d'après le nombre de cartouches dont on dispose en se ménageant un approvisionnement suffisant pour le moment décisif.

Tant que le feu rapide n'est pas décidé, on recherche l'efficacité du feu plutôt dans sa justesse que dans une exagération de la vitesse.

**118**. Le chef de bataillon indique l'objectif et, s'il y a lieu, la partie de la ligne ennemie sur laquelle les feux doivent être concentrés.

Les commandants de compagnie déterminent les objectifs à battre s'ils n'ont pas été indiqués par le chef de bataillon ou s'il survient des incidents imprévus qui modifient subitement les conditions du combat ; ils règlent l'emploi des feux et la consommation des cartouches, prescrivent le point à viser et la hausse à prendre et veillent au réglage du tir ; ils fixent le moment de l'ouverture et celui de la cessation du feu.

Les chefs de section suppléent au besoin, le

capitaine, surveillent ainsi que les sous-officiers l'emploi des hausses et l'exécution des ordres.

**119**. Les feux de salve contribuent à maintenir l'ascendant des chefs sur la troupe, facilitent la concentration des feux sur un même objectif, permettent de rectifier le tir par l'observation des points d'arrivée et donnent le moyen de régler la consommation des munitions.

Ils peuvent s'exécuter dès la limite extrême de l'emploi des feux sur l'artillerie et sur des masses d'infanterie ou de cavalerie en place ou en mouvement.

Lorsque deux infanteries sont en présence, ils sont faits quand l'une d'elles se découvre pour se porter en avant ou pour renforcer sa ligne de combat.

Leur emploi, aussi bien dans l'offensive que dans la défensive, doit se prolonger le plus longtemps possible et le devoir des officiers et des gradés est de veiller à ce qu'ils ne dégénèrent pas en feux à volonté.

Les salves sont exécutées par section. Toutefois lorsque le tir a pour objet d'agir par surprise et que des formations compactes présentent momentanément des objectifs très favorables, il y a intérêt à les faire exécuter par des pelotons entiers.

Après l'enlèvement d'une position, et quand on s'est préalablement reformé, les salves constituent le meilleur moyen de poursuivre l'ennemi tout en tenant les hommes dans la main.

**120.** Les feux à volonté sont d'un réglage plus difficile que les feux de salve et se prêtent moins bien à la concentration du tir et à la discipline du feu.

Par le choix et la désignation précise des objectifs on s'efforce cependant d'obtenir la convergence du feu dans l'escouade, la demi-section, la section et même, dans certains cas, dans la compagnie entière.

Les feux à volonté sont pratiqués aux petites distances et lorsque les troupes, exposées à un feu très vif, n'ont plus le calme nécessaire à la bonne exécution des salves.

Lorsque les exigences de la situation ne nécessitent pas un tir sur toute la ligne, les meilleurs tireurs de chaque section entretiennent le feu.

**121.** Les feux rapides et les tirs à répétition sont employés au moment décisif d'une action, ou sur des buts en mouvement.

**122.** Les armes sont toujours approvisionnées avant de prendre la formation de combat. Pendant l'action, on profite de toutes les circonstances pour réapprovisionner le magasin.

### Art. II. — Limites de l'emploi des feux.

**123.** Jusqu'à 1000 mètres, les formations par le flanc sont moins vulnérables que les formations en ligne, si elles ne sont pas trop prises d'écharpe. A partir de cette distance, elles deviennent plus vulnérables.

Les formations en colonne sont celles qui exposent aux pertes les plus considérables à toutes les distances.

Les limites de l'emploi des feux dépendent des distances, des conditions dans lesquelles peut se faire le réglage, des dimensions du but et de sa situation par rapport au terrain, de l'habileté et de l'état moral de la troupe, de la quantité de munitions dont elle dispose. Elles ne sauraient donc être fixées d'une manière absolue. Toutefois, on peut admettre que, dans les conditions moyennes, l'emploi des feux collectifs est justifié :

A 800 mètres, sur un but ayant à peu près le front d'une escouade.

A 1000 mètres, sur une ligne ayant un front de demi-section.

A 1200 mètres, sur une ligne ayant un front de section ou sur une section d'artillerie.

A 1500 mètres, sur des lignes étendues, des colonnes de pelotons ou de compagnie, sur l'artillerie ou la cavalerie.

A 2,000 mètres, sur des troupes en colonne de route ou en formation de rassemblement.

### Art. III. — Réglage du tir.

**124.** Au combat, on vise le pied du but. Pour toute distance au-dessous de 600 mètres sur une troupe debout ou en mouvement, le réglage du tir sera suffisamment assuré en prenant la ligne de mire de 400 mètres. Contre la cavalerie, la hausse de 600 mètres convient à toutes les distances inférieures à 800 mètres.

Aux distances supérieures à 1000 mètres, lorsqu'on a une grande incertitude sur la vraie valeur de la distance et qu'il est urgent d'agir par le feu, on peut faire usage de deux hausses différant entre elles de 200 mètres et encadrant la distance appréciée. L'emploi simultané de deux hausses dans les fractions plus faibles que la section est interdit.

### Art. IV. — Influence de la forme du terrain sur les résultats du tir.

**125.** Le terrain a une influence prépondérante sur les résultats du tir. Avec les armes actuelles à trajectoire très tendue, il est rasé et battu sur de grandes zones.

Lorsque le terrain est accidenté, la profondeur rasée et battue par les gerbes est diminuée si la portion du sol sur laquelle tombent les projectiles est inclinée au-dessus de la ligne de mire. Cette profondeur est au contraire augmentée si les gerbes tombent sur une partie du terrain inclinée au-dessous de la ligne de mire.

La connaissance de l'étendue des zones battues et rasées permet de discerner les positions les plus avantageuses pour la ligne de combat et de déterminer l'emplacement des réserves de façon à les soustraire le mieux possible aux feux dirigés sur la 1re ligne. Elle permet en outre d'interdire l'accès de ces zones à l'ennemi, qui ne pourrait les occuper sans s'exposer à des pertes sérieuses.

Sur un terrain uni ou peu accidenté, horizontal ou incliné, les tables de tir donnent les zones dangereuses et permettent ainsi de régler l'emploi des feux et le choix des positions.

Dès que le terrain devient accidenté, le coup d'œil de l'officier doit servir de guide ; cependant, la connaissance de la forme de la trajectoire lui fournit quelques indications utiles au sujet des emplacements à donner à la ligne de combat et aux réserves.

Aux grandes distances, les gerbes, grâce à la courbure de la trajectoire, battent des pentes ayant une inclinaison relativement forte au-dessous de la ligne de mire. Tandis qu'aux moyennes et aux petites distances, par suite de la tension de la trajectoire, ce sont les pentes faibles qui sont battues et rasées sur une très grande longueur. Il s'ensuit qu'on devra éviter de placer les réserves sur ces pentes, mais les maintenir au contraire sur les revers opposés.

Prenant pour exemple le terrain représenté par la figure de la page 74, sur lequel le défenseur occupe la crête D, on peut se rendre compte :

1° Que lorsque l'assaillant arrive en A (grandes distances) ou en A¹ (moyennes distances) les

5

pentes AC et A¹E, par suite de leur inclinaison, sont rasées ou battues sur toute leur longueur par les gerbes G et G'. En conséquence, les réserves qui auraient pu être placées en R ou en R' si le terrain avait été horizontal, doivent au contraire rester sur les pentes opposées BC ou AE, en $r$ ou en $r'$;

2º Qu'à partir de la crête A¹ et jusqu'au pied de la position D, le tir dirigé sur l'assaillant étant fichant, les réserves peuvent se rapprocher et se placer soit en R² derrière la crête A¹, soit en R³, à proximité de la ligne de combat.

Inversement, l'assaillant étant en A (grandes distances) la pente D$d$ est rasée et battue sur toute sa longueur, tandis que les terrains D$d$¹ et D$d$² ne sont battus qu'à proximité de la crête.

Aux moyennes distances, l'assaillant étant en A¹ le plateau D$d$¹ est rasé et battu sur une très grande longueur tandis que la pente D$d$ pré-

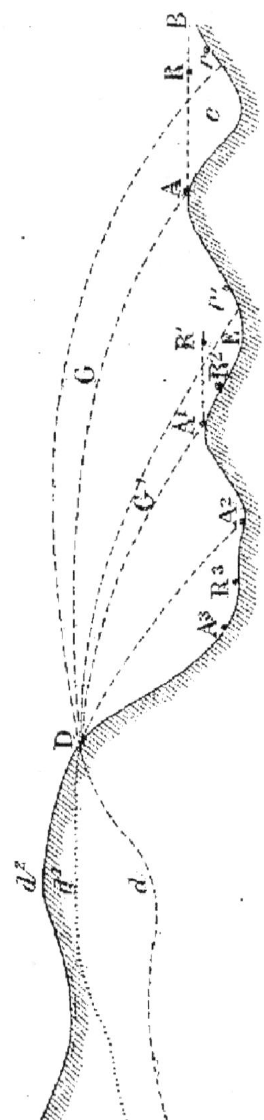

sente en arrière de la crête une zone non rasée et que sur la pente $Dd^2$ le tir est fichant.

Enfin, aux petites distances, l'assaillant étant en $A^2$ la pente $Dd^2$ est dangereuse sur toute son étendue tandis que les terrains $Dd^1$ et $Dd$ présentent une zone non rasée immédiatement en arrière de la crête.

Il résulte de cet exemple que la connaissance de l'utilisation du terrain est indispensable aux officiers de tout grade. Ils doivent s'y exercer pendant l'exécution des tirs de combat, pendant les exercices en terrain varié et au moment des grandes manœuvres.

# CHAPITRE IX.

## Tir au revolver.

### Art. I. — Exercices préparatoires.

#### Maniement du revolver.

**126.** Les hommes, placés sur un rang à 15 centimètres l'un de l'autre, sont dans la position du soldat sans arme, le revolver dans sa gaine ; l'instructeur leur enseigne les mouvements suivants :

*Haut* = REVOLVER.

Ouvrir l'étui du revolver, saisir l'arme à la poignée avec la main droite, la retirer de sa gaine, la porter à hauteur et à 10 centimètres de l'épaule droite, le bout du canon en l'air, la sous-garde en avant, le premier doigt allongé le long du pontet.

*Apprêtez* = REVOLVER.

Faire un demi-à-gauche de manière à s'effacer en avançant l'épaule droite ; abattre le revolver dans la main gauche qui le saisit entre le pouce et le premier doigt en avant du barillet, armer et reprendre la position de *haut* = REVOLVER.

JOUE.

Abaisser le revolver, le bras droit demi-tendu, placer la deuxième phalange du premier doigt de la main droite en avant de la détente, sans la presser ; viser à hauteur de ceinture d'homme sans baisser la tète, la main droite embrassant la crosse solidement et le plus haut possible.

Le soldat dans cette position revient de lui-même à celle de *haut* = REVOLVER lorsqu'il se sent fatigué.

### Pointage.

**127.** L'instructeur enseigne d'abord à l'homme à prendre la ligne de mire en fermant l'œil gauche. Le tireur doit apercevoir tout le grain d'orge du guidon au-dessus du fond du cran de mire ainsi que l'indique la figure ci-contre.

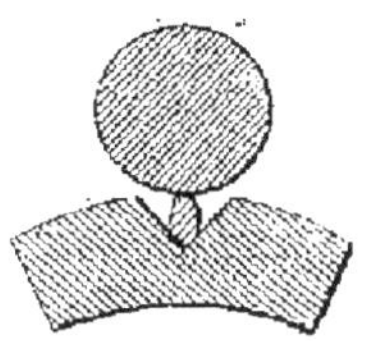

L'instructeur l'exerce ensuite à diriger la ligne de mire sur un point, en retenant la respiration.

### Action du doigt sur la détente.

**128**. Dans le tir intermittent, la détente obéit presque instantanément à l'action du doigt ; il n'y a donc pas lieu de commencer à appuyer sur la détente tant que le pointage du revolver n'est pas correct.

Dans le tir continu, au contraire, il est nécessaire de préparer la détente en amenant, par un premier effort, le chien à une position voisine du bandé.

Le soldat s'habitue promptement à reconnaître cette position, qui est marquée par un léger temps d'arrêt qu'éprouve la détente. Il fait ensuite partir le coup comme dans le tir intermittent.

Le coup parti, il ouvre immédiatement le premier doigt pour que la détente puisse revenir à sa position naturelle.

### Tir à volonté.

**129**. Le soldat sachant agir sur la détente, l'instructeur l'exerce au tir à volonté, intermittent et continu.

Il commande :

*Tir intermittent* (ou *tir continu*).
COMMENCEZ LE FEU.

### Art. II. — Exercices de tir.

**130**. Les officiers et les hommes de troupe armés du revolver sont exercés au tir de cette arme.

Les cartouches sont portées sur le terrain par les soins de l'officier de tir qui en a la responsabilité.

**131**. Les tirs sont exécutés conformément aux indications du tableau ci-dessous :

| NU-MÉROS des séances. | DIS-TANCES de tir. | ESPÈCES DE TIR. | NOMBRE de cartouches à balle. |
|---|---|---|---|
| 1 | 15ᵐ | Tir intermittent............ | 6 |
| 2 | 15 | Tir intermittent............ | 6 |
| 3 | 30 | Tir intermittent............ | 6 |
| 4 | 30 | Tir intermittent............ | 6 |
| 5 | 15 | Tir continu................ | 6 |
| 6 | 15 | Tir continu................ | 6 |
| | | TOTAL...... | 36 |

**132**. Les surfaces à atteindre sont des cercles

de 0^m,20 ou de 0^m,40 de diamètre, suivant que le tir a lieu à 15 ou à 30 mètres.

**133.** Chaque tireur se présente à son tour devant la cible, s'arrête à l'emplacement marqué et prend la position du soldat sans arme. Le revolver doit être dans son étui et non chargé.

Les autres tireurs se tiennent à dix pas en arrière.

Le chef de bataillon ou le capitaine de tir pour les officiers, l'officier de tir du bataillon pour les sous-officiers, caporaux et soldats, surveille le tir en se plaçant près des tireurs et à leur droite.

Il commande successivement :

*Haut* = REVOLVER.

*Chargez* = REVOLVER.

*Tir intermittent* (ou *tir continu*).

COMMENCEZ LE FEU.

*Déchargez* = REVOLVER.

Dans le cas du tir intermittent, le tireur, après chaque coup tiré, arme de nouveau avec le pouce de la main droite en plaçant le revolver dans la main gauche.

Chaque tireur, après avoir déchargé son arme, remet le revolver dans son étui et cède la place au tireur suivant.

### Observations.

**134.** Avant chaque exercice préparatoire et avant chaque tir, les officiers s'assurent que les revolvers ne sont pas chargés. Ils s'assurent, en outre, avant le commencement du tir, qu'ils sont en parfait état, que les pièces de la platine et le barillet fonctionnent bien, que le pivot de l'axe du barillet (dans le revolver modèle 1873) est complètement engagé dans le trou correspondant de la tête de baguette.

Après le tir, ils constatent qu'il ne reste aucune cartouche dans le barillet.

**135.** Dans le tir au revolver, le chef de bataillon, le capitaine et les officiers de tir, chacun en ce qui les concerne, font régner l'ordre le plus parfait devant les cibles et se rappellent que le revolver est une arme dont l'emploi exige une attention sans cesse éveillée.

**136.** Dans le tir intermittent comme dans le tir continu, il est essentiel de laisser après chaque coup la détente revenir librement en ouvrant le premier doigt le plus possible sans le retirer du pontet.

Dans le tir intermittent, si l'on ne prend pas cette précaution, il peut arriver qu'au coup suivant, le barillet n'ayant pas tourné, le chien retombe sur une cartouche déjà tirée.

Si l'on commence dans le tir intermittent à

appuyer le premier doigt sur la détente avant que le chien soit armé, il peut arriver :

Que le cran du bandé du chien n'étant pas arrêté par le cran de gâchette (ou dans le revolver modèle 1892, par le cran du bec de détente), le départ vienne surprendre le tireur avant que l'arme soit suffisamment assurée dans sa main.

Le même fait peut se produire si, après le départ du coup, on n'a pas ouvert le premier doigt pour rendre à la détente sa liberté ; mais dans ce cas il ne peut avoir de conséquences graves, car le barillet n'a pas pu tourner.

Dans le tir continu, si l'on n'a pas soin après chaque coup d'ouvrir suffisamment le doigt pour donner à la détente la liberté de revenir à sa position initiale, on s'expose :

1° A ce que la détente se mette seule en mouvement sans entraîner ni le chien ni le barillet ;

2° A ce que le barillet soit seul entraîné ; dans ce dernier cas, la pointe du percuteur peut dégrader les cloisons. Ce second accident ne peut pas se produire avec le revolver modèle 1892.

Les tirs au revolver, pour la réserve de l'armée active et l'armée territoriale, ne comprennent que deux séances dans chacune desquelles il est brûlé 6 cartouches en tir intermittent à la distance de 15 mètres.

5.

# CHAPITRE X.

## Classement et récompenses.

---

### Art. I. — Classement des tireurs.

**137**. A la suite des tirs d'application, au jour fixé par le colonel, on procède au classement annuel des tireurs.

Les sous-officiers, les caporaux et les soldats qui ont obtenu trente-six points aux tirs d'application forment la 1re classe, ceux qui ont obtenu moins de trente-six points à ces tirs forment la 2e classe. Ceux qui n'ont pas rempli les conditions pour passer aux tirs d'application forment la 3e classe.

Lorsque deux ou plusieurs tireurs ont obtenu le même nombre de points aux tirs d'application, ils sont classés entre eux d'après leurs résultats aux tirs d'instruction.

Les hommes ayant manqué à un ou plusieurs tirs sont classés d'après le nombre de points qu'ils ont obtenus.

### Art. II. — Récompenses de tir.

*1° Caporaux et soldats.*

**138**. Dans chaque compagnie, une épinglette en argent, trois cors de chasse brodés et un nombre de cors de chasse en drap égal au cinquième de l'effectif des caporaux et soldats armés du fusil le jour du classement, sont décernés aux meilleurs tireurs en suivant l'ordre du classement établi par le capitaine.

Le tireur classé premier reçoit avec l'épinglette un des trois cors de chasse brodés.

Les cors de chasse brodés sont en or ou en argent, suivant le métal du galon de grade des sous-officiers ; ils sont cousus sur la manche gauche de la tunique, de la capote et de la veste.

Les cors de chasse en drap sont portés de la même manière, et ont la couleur du galon de grade des caporaux.

La section hors rang dispose également d'un cor de chasse brodé et d'un nombre de cors de chasse en drap égal au cinquième de son effectif.

*2° Sous-officiers armés du fusil.*

**139**. Il est alloué aux sous-officiers armés du fusil, à la suite d'un concours réglé par le chef de corps :

1° Par régiment : 3 épinglettes en argent dont une avec cor en argent doré et 6 cors de chasse brodés ;

2° Par bataillon formant corps : **2** épinglettes en argent dont une avec cor en argent doré et 3 cors de chasse brodés.

Les sous-officiers qui reçoivent l'épinglette ont droit, en outre, à l'un des cors de chasse brodés.

*3° Sous-officiers armés du revolver.*

**140**. 1° Par régiment : une médaille en argent et une médaille en bronze sont allouées aux sous-officiers armés du revolver qui, dans un concours réglé par le chef de corps, auront obtenu les meilleurs résultats ;

2° Dans les bataillons formant corps et dans chaque compagnie de discipline : une médaille en argent est allouée aux mêmes sous-officiers.

### Dispositions diverses.

**141**. Les tirs de concours doivent être terminés dans une séance. Les concours partiels sont faits autant que possible le même jour dans les fractions détachées.

(La grenade et le cor de chasse ont la forme et les dimensions indiquées aux articles 30 et 40 de la description du 15 mars 1879 et sont séparés par un intervalle de 3$^{mm}$).

Les prix donnés à la suite de ces concours sont répartis sur l'ensemble du corps.

L'épinglette et les cors de chasse brodés ou en drap deviennent la propriété de l'homme qui les porte pendant toute la durée du service actif, quel que soit son classement ultérieur, ainsi que pendant la période de rappel à l'activité.

Les sous-officiers, caporaux et soldats qui ont obtenu deux années de suite le cor de chasse brodé reçoivent en échange un cor de chasse brodé surmonté d'une grenade de même métal.

Le colonel fait connaître, par un ordre du régiment, les noms des tireurs qui ont obtenu les médailles, les épinglettes et les cors de chasse brodés.

Un tableau nominatif de ces tireurs est affiché dans la salle des rapports.

Le capitaine fait afficher dans les chambres l'état nominatif des tireurs qui ont obtenu des récompenses.

Mention de toutes ces récompenses est faite sur le feuillet de tir du livret individuel.

Les chefs de corps accordent aux bons tireurs toutes les faveurs compatibles avec l'intérêt du service.

### Art. III. — Examen de l'instruction.

**142.** Dans le courant de l'année, l'inspection des registres de tir donne les éléments d'appréciation suffisants sur les progrès réalisés.

A la fin de l'instruction, il est procédé à des

tirs d'examen dont les détails sont réglés par les chefs de corps ou par les généraux.

Ils consistent en un tir d'application ou en un tir de combat individuel pour les deux premières classes de tireurs réunies, en un tir d'instruction pour les tireurs de 3ᵉ classe et enfin en feux collectifs pour l'ensemble de la compagnie.

Les employés, sans exception, rentrent dans le rang ; les situations de prises d'armes sont contrôlées par le chef de bataillon.

Des tirs analogues se font dans les détachements.

Les tirs d'examen ne donnent lieu à aucun classement ; ils peuvent être exécutés à des jours différents.

## CHAPITRE XI.

### Tirs des réservistes et des hommes de l'armée territoriale.

**143.** Les tirs des réservistes et des hommes de l'armée territoriale ont lieu conformément aux indications des deux tableaux ci-après, et en observant les règles prescrites pour l'exécution des tirs individuels et des tirs collectifs.

## 1° RÉSERVE DE L'ARMÉE ACTIVE.

| NUMÉROS des séances. | DISTANCES de tir. | ESPÈCES DE TIR. | NOMBRE de cartouches | |
|---|---|---|---|---|
| | | | sans balle. | à balle. |
| | | **Tirs individuels.** | | |
| 1 | 200 | 3 cartouches debout et 3 à genou sur la cible de 1 mètre de diamètre... | » | 6 |
| 2 | 300 | 3 cartouches debout et 3 couché, sur la cible de 1m,50 de diamètre..... | » | 6 |
| 3 | 250 | Tir à répétition, limité à une durée de 30 secondes, sur 2 silhouettes d'homme debout séparées par un intervalle de 0m,15 ............... | » | 6 |
| | | **Tirs collectifs.** | | |
| 4 | entre 800 et 600 | Feux de salve de section debout ou à genou, commandés par les officiers et les sous-officiers de réserve............ | 2 | 3 |
| 5 | 300 | Feux rapides, limités à 30 secondes, commandés par les chefs de section. (Hausse de 400 mètres.) | » | 6 |
| | | TOTAL.... | 2 | 27 |

Seances 1, 2, 3 accolade : 18. Seances 4, 5 accolade : 9.

## 2° ARMÉE TERRITORIALE.

| NU-MÉROS des séances. | DIS-TANCES de tir. | ESPÈCES DE TIR. | NOMBRE de cartouches à balle. |
|---|---|---|---|
| | | **Tirs individuels.** | |
| 1 | 200 | 3 cartouches debout et 3 à genou, sur la cible de 1 mètre de diamètre.......... | 6 |
| 2 | 300 | 3 cartouches debout et 3 couché, sur la cible de 1$^m$,50 de diamètre........ | 6 |
| 3 | 250 | Tir à répétition, limité à une durée de 40 secondes, sur deux silhouettes d'homme debout, séparées par un intervalle de 0$^m$,15........ | 8 |
| | | Total..... | 20 |

# CHAPITRE XII.

## Comptabilité du tir.

---

**144.** La comptabilité du tir comprend : les situations de tir, le registre de tir de compagnie, le feuillet de tir individuel, le carnet de tir du régiment, les comptes rendus du capitaine de tir et le rapport annuel.

### Situations de tir.

**145.** Les situations de tir servent à relever les résultats sur le champ de tir et à faire ressortir les quantités de munitions consommées.

Avant chaque séance de tir individuel, le commandant de compagnie fait préparer autant de situations qu'il y a de cibles affectées à sa compagnie ; elles sont conformes au modèle n° 1.

On y inscrit les noms des hommes comptant à l'effectif de la fraction qui doit tirer sur une même cible, puis on barre les noms de ceux qui, pour un motif quelconque, ne peuvent assister au tir ; on indique en regard, dans la colonne des résultats, la cause de l'indisponibilité.

Le gradé placé à côté du tireur inscrit sur la situation les résultats obtenus à mesure qu'ils sont signalés.

Lorsqu'une compagnie a terminé son tir, le capitaine arrête en toutes lettres, sur chaque situation, le total des balles mises, celui des points obtenus et celui des balles tirées.

A la fin de la séance, on peut faire exécuter des tirs de retardataires.

Pour les tirs collectifs, les situations sont conformes au modèle n° 2.

Les indisponibles sont inscrits nominativement au dos de la situation modèle n° 2; en regard de chaque nom, le motif de l'absence est indiqué.

### Registre de tir de compagnie.

**146.** Le registre de tir de compagnie est conforme au modèle n° 3 et contient cinq tableaux, savoir :

Un tableau pour les tirs d'instruction et d'application ;

Un tableau pour les tirs de combat individuels ;

Un tableau pour les feux collectifs ;

Un tableau pour l'inscription des munitions consommées à chaque séance de tir ;

Un tableau pour les tirs au revolver.

Ce registre, établi pour une année, est tenu par le sergent de tir.

**147.** Au commencement de l'année, on inscrit sur le premier tableau les noms des gradés et de tous les hommes de la compagnie. Ils sont placés dans l'ordre constitutif, en attribuant à chacun deux lignes horizontales pour y porter le résultat des tirs dans le cas où ils doivent être recommencés. On laisse à la gauche de chaque escouade l'espace nécessaire pour enregistrer le nom des hommes qui peuvent arriver à la compagnie pendant l'année.

Les résultats (*balles et points*) sont portés dans les colonnes correspondant au numéro de la séance de tir, sur la ligne horizontale qui est en face du nom de l'homme lorsque les tirs sont exécutés pour la première fois, et sur la seconde ligne horizontale, lorsqu'ils sont recommencés.

Après chaque séance, le sergent de tir réunit les situations et en transcrit les résultats sur le registre de compagnie ; il inscrit au 4e tableau le nombre des cartouches consommées.

Lorsqu'un homme a manqué à une séance, on laisse en blanc la ligne des résultats jusqu'à ce qu'il ait exécuté ce tir.

Après le classement, il n'est plus fait de tirs de retardataires.

Quand, à cette époque, un homme n'a pu terminer tous ses tirs, on barre les cases correspondant aux tirs non exécutés et on inscrit la cause de l'absence ou de l'indisponibilité dans la colonne *Observations*.

Lorsqu'un homme quitte la compagnie, on barre son nom ainsi que les cases correspondant aux tirs non exécutés et au classement. On inscrit les totaux des balles mises et des points obtenus dans les colonnes à ce destinées, et on porte la mutation dans la colonne *Observations*.

Lorsqu'un homme arrive à la compagnie, les résultats de ses tirs antérieurs sont inscrits à l'aide de son feuillet de tir individuel dans les colonnes destinées à l'enregistrement de ces tirs et on porte la mutation.

### Feuillet de tir individuel.

**148.** Les résultats du tir individuel de chaque homme de troupe sont inscrits sur un feuillet spécial du livret individuel conforme au modèle n° 4.

Pour les gradés et les soldats armés du fusil, les inscriptions du livret sont la reproduction de celles du premier tableau du registre de compagnie. Pour ceux armés du revolver, elles sont la reproduction des situations.

Au bas du feuillet, sous le titre : *Prix et mentions honorifiques*, on indique les prix de tir que le titulaire du livret a remportés depuis son entrée au service, ainsi que ceux qu'il a obtenus dans les sociétés de tir reconnues et dans lesquelles il a été autorisé à concourir.

Les prix de tir obtenus avant l'incorporation sont également mentionnés.

### Carnet de tir du régiment.

**149.** Ce carnet est conforme au modèle n° 5. Il comprend un tableau pour l'enregistrement des tirs de combat collectifs et un tableau pour l'inscription des renseignements généraux sur la provenance et la qualité des munitions employées dans l'année.

### Compte rendu des séances.

**150**. Après chaque séance, le capitaine de tir établit un compte rendu pour le chef de corps.

Ce compte rendu est conforme au modèle n° 6 pour les tirs individuels et les feux collectifs, et au modèle n° 7 pour les tirs de combat collectifs.

### Rapport annuel.

**151**. Le rapport annuel, conforme au modèle n° 8, se compose de deux parties :

La première, comprend un compte rendu sur le fonctionnement de l'École régimentaire de tir, les renseignements sur les champs de tir, les stands, les terrains sur lesquels ont lieu les tirs collectifs et les tirs de combat, le matériel, l'armement et les munitions, ainsi que les observations des généraux de brigade et de division.

Les renseignements sur les champs de tir sont relatifs aux travaux exécutés depuis l'inspection générale précédente et aux améliorations qui paraissent encore nécessaires.

Les renseignements sur l'armement doivent mentionner le nombre exact des dégradations importantes, leur nature et le signalement de l'arme (*manufacture, numéro, lettre de série*). La même règle est appliquée aux munitions ; c'est-à-dire qu'il ne suffit pas de mentionner les incidents de tir qui se sont produits (*ruptures au culot, ratés, etc.*) mais qu'il faut en donner le chiffre par nature d'incident, en ayant soin d'accompagner cette énumération des indications inscrites sur les paquets de cartouches et des marques qui figurent sur les culots.

La seconde partie est un état des munitions consommées dans l'année d'instruction, faisant ressortir le nombre de cartouches allouées que les corps n'auront pas pu consommer par suite de circonstances exceptionnelles ; les explications relatives à ces circonstances sont données dans la première partie.

# COMPTABILITÉ

---

# MODÈLES

**MODÈLE Nº 1.**                    Format. { 1/4 de feuille<br>papier écolier.

### ᵉ RÉGIMENT D'INFANTERIE.

### ᵉ COMPAGNIE.

# TIR INDIVIDUEL [1].

12 tireurs. — 3 indisponibles.

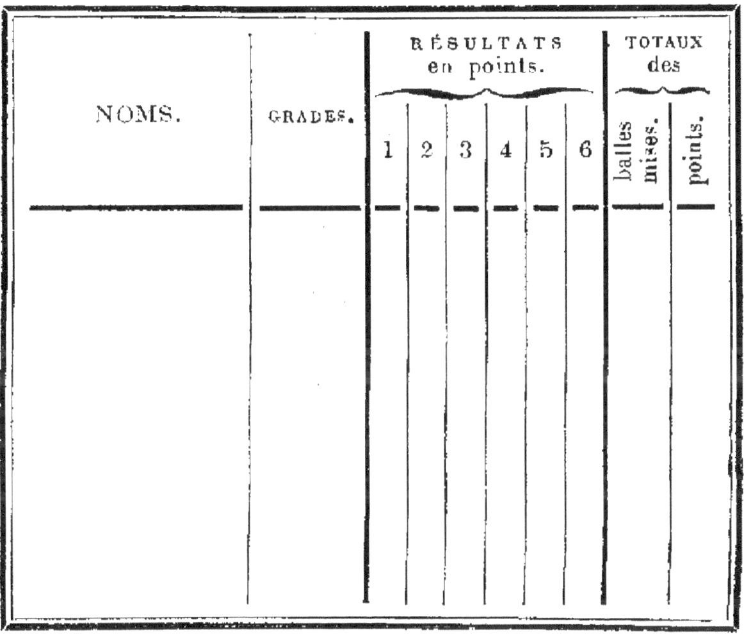

| NOMS. | GRADES. | RÉSULTATS en points. | | | | | | TOTAUX des | |
|---|---|---|---|---|---|---|---|---|---|
| | | 1 | 2 | 3 | 4 | 5 | 6 | balles mises. | points. |
| | | | | | | | | | |

*Balles tirées :* quatre-vingt-quatre.        A          , le          189  .
*Balles mises :* trente-sept.
*Points obtenus :* cinquante et un.                    *Le Capitaine,*

---

(1) Cette situation sert pour tous les tirs individuels d'instruction, d'application, de combat individuels, ainsi que pour les tirs des retardataires.

**MODÈLE N° 2.**

Format { 1/4 de feuille papier écolier.

### <sup>e</sup> RÉGIMENT D'INFANTERIE.

#### <sup>e</sup> COMPAGNIE.

## Feux collectifs.

Feu de salve (ou à volonté, ou rapide, ou à répétition.)
28 juin 1895.  (Recto.)

| FRACTION constituée qui exécute le tir. | DISTANCE. | NOMBRE DE TIREURS. | NOMBRE des balles tirées. | NOMBRE des balles mises. | POUR CENT (1). | DURÉE DU TIR (2). | VITESSE (2). | EFFET UTILE (2). | CIRCON-STANCES atmo-sphéri-ques. | RENSEI-GNE-MENTS sur les mu-nitions. |
|---|---|---|---|---|---|---|---|---|---|---|
| | | | | | | | | | Tempé-rature : | Étuis : |
| | | | | | | | | | Direc-tion du vent : | Balles : |
| | | | | | | | | | Vitesse du vent : | Poudre : |
| Totaux... | | | | | | | | | | Charge-ment : |
| Point visé :<br>Hausses employées :<br>Positions des tireurs : | | | | | | | | | | Lot : |

(1) Cette colonne n'est remplie que pour les tirs des 1<sup>re</sup>, 2<sup>e</sup> et 4<sup>e</sup> séances.

(2) Ces colonnes sont remplies pour les feux à durée limi-tée (3<sup>e</sup>, 5<sup>e</sup> et 6<sup>e</sup> séances).

Balles mises :  *Le Capitaine,*

(Verso.) **INDISPONIBLES.**

| NOMS. | GRADES. | MOTIFS de L'INDISPONIBILITÉ. |
|---|---|---|
| | | |
| TOTAL des indisponibles......... | | |

Modèle N° 3.

Format du registre<br>de comptabilité.

<sup>e</sup> RÉGIMENT D'INFANTERIE.

<sup>e</sup> COMPAGNIE.

# REGISTRE DE TIR

## DE LA COMPAGNIE

Année 1895.

Nom du sergent
chargé des inscriptions {

6.

**1er TABLEAU.**

Contrôle pour l'inscription des balles mises et des points obtenus dans les tirs individuels d'instruction et d'application.

1re page. — Verso.

| NOMS. | GRADES. | 3e SÉANCE. 200m. Position debout. Balles. | Points. | 4e SÉANCE. 300m. Position à genou. Balles. | Points. | 5e SÉANCE. 400m. Position couchée. Balles. | Points. | 6e SÉANCE. 300m. Position debout. Balles. | Points. | 7e SÉANCE. 200m. Position à genou. Balles. | Points. | TOTAUX. Balles. | Points. | 8e SÉANCE. 200m. Position à genou. Balles. | Points. |
|---|---|---|---|---|---|---|---|---|---|---|---|---|---|---|---|
| *1re Section.* A........ | Sergent | 4 | 8 | 3 | 4 | 3 | 4 | 3 | 6 | 4 | 8 | 17 | 30 | 3 | 6 |
| *1er Escouade* B........ | Caporal | 4 | 1 | 3 | 4 | 2 | 3 | 3 | 3 | 2 | 2 | 14 | 16 | | |
| | | 4 | 8 | | | 3 | 3 | | | 2 | 4 | 9 | 15 | | |
| C........ | Soldat de 2e cl. | 3 | 4 | » | » | 1 | 2 | | | | | | | | |
| *A reporter....* | | | | | | | | | | | | | | | |



**1er TABLEAU.**

...des points obtenus dans les tirs individuels d'application.

Recto.

| NOMS. | GRADES. | 9e SÉANCE. 300m. sur appui. Balles. | Points. | 10e SÉANCE. 300m. Position debout. Balles. | Points. | 11e SÉANCE. 400m. Position couchée. Balles. | Points. | 12e SÉANCE. 600m. Position à genou. Balles. | Points. | 13e SÉANCE. 200m. Position debout. Balles. | Points. | 14e SÉANCE. 200m. Position debout. Balles. | Points. | TOTAUX. Balles. | Points. | CLASSEMENT. | MUTATIONS et OBSERVATIONS. |
|---|---|---|---|---|---|---|---|---|---|---|---|---|---|---|---|---|---|
| A........ | Sergent | 3 | 6 | 1 | 2 | 3 | 6 | 4 | 8 | 2 | 4 | 2 | 4 | 18 | 36 | 1re | |
| B........ | Caporal | | | | | 2 | 4 | 5 | 9 | 1 | 1 | 1 | 1 | 9 | 15 | 2e | |
| C........ | Soldat de 2e cl. | | | | | | | | | | | | | | | 3e | |
| *A reporter....* | | | | | | | | | | | | | | | | | |

2e page et suivantes. — Verso.

| NOMS. | GRADES. | 3e SÉANCE. 200m. Position debout. | | 4e SÉANCE. 300m. Position à genou. | | 5e SÉANCE. 400m. Position couchée. | | 6e SÉANCE. 300m. Position debout. | | 7e SÉANCE. 200m. Position à genou. | | TOTAUX. | | 8e SÉANCE. 200m. Position à genou. | |
|---|---|---|---|---|---|---|---|---|---|---|---|---|---|---|---|
| | | Balles. | Points. | Balles. | Points. | Balles. | Points. | Balles. | Points. | Balles. | Points. | Balles. | Points. | Balles. | Points. |
| Report..... | | | | | | | | | | | | | | | |
| A reporter..... | | | | | | | | | | | | | | | |



| 9e SÉANCE. 300m. Sur appui. | | 10e SÉANCE. 300m. Position debout. | | 11e SÉANCE. 400m. Position couchée. | | 12e SÉANCE. 600m. Position à genou. | | 13e SÉANCE. 250m. Position debout. | | 14e SÉANCE. 200m. Position debout. | | TOTAUX. | | CLASSEMENT. | MUTATIONS et OBSERVATIONS. |
|---|---|---|---|---|---|---|---|---|---|---|---|---|---|---|---|
| Balles. | Points. | Balles. | Points. | Balles. | Points. | Balles. | Points. | Balles. | Points. | Balles. | Points. | Balles. | Points. | | |
| | | | | | | | | | | | | | | | |
| | | | | | | | | | | | | | | | |

Dernière page. — Verso.

Recto.

Left page (106 — Verso):

| NOMS. | GRADES. | 3e SÉANCE. 200m. Position debout. | | 4e SÉANCE. 300m. Position à genou. | | 5e SÉANCE. 100m. Position couchée. | | 6e SÉANCE. 300m. Position debout. | | 7e SÉANCE. 200m. Position à genou. | | TOTAUX. | | 8e SÉANCE. 200m. Position à genou. | |
|---|---|---|---|---|---|---|---|---|---|---|---|---|---|---|---|
| | | Balles. | Points. | Balles. | Points. | Balles. | Points. | Balles. | Points. | Balles. | Points. | Balles. | Points. | Balles. | Points. |
| Report..... | | | | | | | | | | | | | | | |
| TOTAUX { des balles mises..... | | | | | | | | | | | | | | | |
| { des points..... | | | | | | | | | | | | | | | |
| Nombre des tireurs.. | | | | | | | | | | | | | | | |
| TOTAUX des balles tirées......... | | | | | | | | | | | | | | | |
| Ratés et cartouches inutilisables..... | | | | | | | | | | | | | | | |

Right page (107 — Recto):

| 9e SÉANCE. 300m. Sur appui. | | 10e SÉANCE. 300m. Position debout. | | 11e SÉANCE. 400m. Position couchée. | | 12e SÉANCE. 600m. Position à genou. | | 13e SÉANCE. 250m. Position debout. | | 14e SÉANCE. 200m. Position debout. | | TOTAUX. | | CLASSEMENT. | MUTATIONS et OBSERVATIONS. |
|---|---|---|---|---|---|---|---|---|---|---|---|---|---|---|---|
| Balles. | Points. | Balles. | Points. | Balles. | Points. | Balles. | Points. | Balles. | Points. | Balles. | Points. | Balles. | Points. | | |
| | | | | | | | | | | | | | | | |

2ᵉ TABLEAU.

**Tirs de combat individuels.**

1ʳᵉ et 2ᵉ classes de tireurs (1).

Verso.     Recto.

| DATES des TIRS. | ESPÈCES de TIR, | DIS-TANCES (3). | NOMBRE des tireurs. | NOMBRE des balles tirées. | NOMBRE des balles mises. | DURÉE du tir (2). | VITESSE (2). | EFFET utile (2). | CARTOUCHES ratées ou avariées. | OBSERVATIONS. — Circonstances atmosphériques, renseignements sur les munitions, incidents divers, etc. |
|---|---|---|---|---|---|---|---|---|---|---|
| 1 | 2 | 3 | 4 | 5 | 6 | 7 | 8 | 9 | 10 | 11 |
| 15 juin 1895. | Feu rapide sur deux silhouettes debout. | 100ᵐ | 60 | 356 | 42 | 30ˢ | 11,8 | 1,4 | 2 | |
| 1ᵉʳ juillet.... | En avançant sur une silhouette....... | Entre 400ᵐ et 200ᵐ | 58 | 348 | 116 | » | » | » | » | |
| 5 juillet..... | Sur une silhouette en mouvement visible pendant 30 secondes | 200ᵐ | | • | | » | » | » | x | |
| | TOTAUX....... | | | | | | | | | |

(1) Les nombres qui figurent dans les colonnes 4, 5 et 6 sont les totaux des situations établies pour chaque séance.
(2) Ces colonnes sont remplies pour les feux rapides et les feux à durée limitée.
(3) Les tirs se font à distance inconnue; on porte dans cette colonne la distance appréciée.

## 3e TABLEAU. — Feux collectifs.

Verso.      Recto.

| NUMÉROS des séances, distances, dates et hausses employées. | ESPÈCES de tir. | NOMBRE des tireurs. | NOMBRE des balles tirées. | NOMBRE des balles mises. | POUR CENT (2) | DURÉE du tir (3). | VITESSE (3) | EFFET UTILE (3) | CIR-CONSTANCES atmosphériques. | RENSEI-GNEMENTS sur les munitions. | RATÉS et cartouches inutilisables. |
|---|---|---|---|---|---|---|---|---|---|---|---|
| 1re séance à (1) 17 août 1895. Hausse de | Feux de salve de section. | | | | | | | | | | |
| | TOTAUX... | | | | | | | | | | |
| 2e séance à | Feux de salve de section. | | | | | | | | | | |
| | TOTAUX... | | | | | | | | | | |
| 3e séance | Feux de salve de section. | | | | | | | | | | |
| | TOTAUX... | | | | | | | | | | |
| 4e séance | Feux à volonté en avançant. | | | | | | | | | | |
| | TOTAUX... | | | | | | | | | | |
| 5e séance | Feux rapides. | | | | | | | | | | |
| | TOTAUX... | | | | | | | | | | |
| 6e séance | Feux à répétition. | | | | | | | | | | |
| | TOTAUX... | | | | | | | | | | |

(1) Porter la distance exacte à laquelle le feu est exécuté.
(2) Cette colonne n'est remplie que pour les tirs des 1re, 2e et 4e séances.
(3) Ces colonnes sont remplies pour les feux à durée limitée (3e, 5e et 6e séances).

## 4e TABLEAU.

### Munitions consommées
### dans les différents tirs au fusil.

Verso.  Recto.

| DATES des SÉANCES. | TIRS DES OFFICIERS, des adjudants et des serg.-majors. | TIRS D'INSTRUCTION. | TIRS D'APPLICATION. | TIRS DE COMBAT individuels. | TIRS COLLECTIFS. | TIRS DIVERS. | CARTOUCHES ratées ou avariées. | TOTAL. | CARTOUCHES sans balle. |
|---|---|---|---|---|---|---|---|---|---|
| A reporter. | | | | | | | | | |

Verso.

| DATES des SÉANCES. | TIRS DES OFFICIERS, des adjudants et des serg.-majors. | TIRS D'INSTRUCTION. | TIRS D'APPLICATION. | TIRS DE COMBAT individuels. | TIRS COLLECTIFS. | TIRS DIVERS. | CARTOUCHES ratées ou avariées. | TOTAL. | CARTOUCHES sans balle. |
|---|---|---|---|---|---|---|---|---|---|
| Report. | | | | | | | | | |
| Totaux. | | | | | | | | | |

| Totaux | des cartouches tirées | à balle........ | | |
|---|---|---|---|---|
| | | sans balle..... | | |
| | des cartouches allouées.... | à balle........ | | |
| | | sans balle..... | | |
| Total des cartouches non consommées................. | | à balle........ | | |
| | | sans balle..... | | |

## 5⁰ TABLEAU.

### Tirs au revolver.

Recto.                                                                 Verso.

| DATES des tirs. | NOMBRE des tireurs. | NOMBRE des cartouches tirées. | NOMBRE des balles mises. | OBSERVATIONS. | DATES des tirs. | NOMBRE des tireurs. | NOMBRE des cartouches tirées. | NOMBRE des balles mises. | OBSERVATIONS. |
|---|---|---|---|---|---|---|---|---|---|
| **1ᵉ séance.** Tir intermittent à 15 mètres. | | | | | **4ᵉ séance.** Tir intermittent à 30 mètres. | | | | |
| TOTAUX. | | | | | TOTAUX. | | | | |
| **2ᵉ séance.** Tir intermittent à 15 mètres. | | | | | **5ᵉ séance.** Tir continu à 15 mètres. | | | | |
| TOTAUX. | | | | | TOTAUX. | | | | |
| **3ᵉ séance.** Tir intermittent à 30 mètres. | | | | | **6ᵉ séance.** Tir continu à 15 mètres. | | | | |
| TOTAUX. | | | | | TOTAUX. | | | | |

MODÈLE N° 4.    Format du livret individuel.



TIR A LA CIBLE.

| ANNÉES. | FUSIL. | | | | | | | | | | | | | Classement. | REVOLVER : Balles mises. | | | | | | |
|---|---|---|---|---|---|---|---|---|---|---|---|---|---|---|---|---|---|---|---|---|---|
| | Tirs d'instruction. Points obtenus. | | | | | | Tirs d'application. Points obtenus. | | | | | | | | | | | | | | |
| | 3e tir. | 4e tir. | 5e tir. | 6e tir. | 7e tir. | Totaux. | 8e tir. | 9e tir. | 10e tir | 11e tir. | 12e tir. | 13e tir. | 14e tir. | Totaux. | | 1er tir, 15m. | 2e tir, 15m. | 3e tir, 30m. | 4e tir, 30m. | 5e tir, 15m, à tir continu. | 6e tir, 15m, à tir continu. | Totaux. |

PRIX ET MENTIONS HONORIFIQUES.

A la suite des tirs de l'année
ou des concours militaires (1).

Concours non militaires (2).

(1) Médailles, épinglettes, cors de chasse brodés.
(2) Les prix obtenus avant l'incorporation sont également mentionnés.

Modèle Nº 5.

Même format que le registre de compagnie.

# CARNET DE TIR

## DU    ᶜ RÉGIMENT D'INFANTERIE.

---

### ANNÉE 189  .

7.

## 1er TABLEAU.    (3)

### Tirs de combat collectifs.    Recto.

| DATES ET ESPÈCES de tir. | OBJECTIFS. | DISTANCES auxquelles on a arrêté le feu (1). | NOMBRE DE TIREURS. | NOMBRE DE BALLES TIRÉES. | NOMBRE DE BALLES MISES. | POUR CENT. | CARTOUCHES RATÉES ou avariées. | OBSERVATIONS (2). — (Circonstances atmosphériques, renseignements sur les munitions, incidents divers, etc.) |
|---|---|---|---|---|---|---|---|---|
| | | Résultats d'ensemble. | | | | | | |
| | | TOTAUX..... | | | | | | |
| | | Résultats d'ensemble. | | | | | | |
| | | TOTAUX..... | | | | | | |

(1) Si l'action a été me née sans arrêt, les résultats sont portés sur la ligne horizontale affectée aux résultats d'ensemble.

(2) Indiquer, dans cette colonne, les unités qui ont contribué à la formation de la compagnie ou du bataillon de manœuvre et la distance à laquelle on a ouvert le feu.

(3) Ce tableau comporte autant de feuilles qu'il est nécessaire pour l'enregistrement des tirs de combat collectifs.

## 2º TABLEAU.

### Renseignements sur les munitions consommées.

Verso.        Recto.

| DATES. | MODÈLE des cartouches, provenance, époque de chargement et numéros des lots. | RATÉS ABSOLUS. | LONGS FEUX. | RUPTURES D'ÉTUIS. | DIFFICULTÉS de manœuvre dues à la cartouche. | | | |
|---|---|---|---|---|---|---|---|---|
| | | | | | | | | |

**MODÈLE Nº 6.**    Format. { 1/2 feuille.
{ papier écolier.

## ᵉ RÉGIMENT D'INFANTERIE.

**Compte rendu de la séance de tir du    189 .**

| NUMÉROS | | ESPÈCES DE TIR. | NOMBRE des balles tirées. | RENSEIGNEMENTS sur les munitions. | INCIDENTS divers. | OBSERVATIONS. |
|---|---|---|---|---|---|---|
| des bataillons. | des compagnies. | | | | | |
| | | | | | | |

A                , le                189 .

*Le Capitaine de tir.*

**MODÈLE N° 7.**

Format. { 1/2 feuille. papier écolier.

## ° RÉGIMENT D'INFANTERIE.

### Compte rendu de la séance de tir de combat collectif du                189  .

Objectifs sur lesquels le {
tir est exécuté......{

| DISTANCES (1). | HAUSSES EMPLOYÉES. | NOMBRE DES TIREURS. | NOMBRE des balles tirées. | NOMBRE des balles mises. | POUR CENT. | CIRCONSTANCES atmosphériques. | RENSEIGNEMENTS sur les munitions. | OBSERVATIONS (2) |
|---|---|---|---|---|---|---|---|---|
| | | | | | | | | |
| RÉSULTATS D'ENSEMBLE. | | | | | | | | |
| | | | | | | | | |

(1) On inscrit dans cette colonne les distances auxquelles on fait cesser le feu pour relever les résultats. Ces distances sont mesurées après le tir.

Si l'action a été conduite sans arrêt, les résultats figurent sur la dernière ligne horizontale du tableau : « Résultats d'ensemble ».

(2) Indiquer, dans cette colonne, les unités qui ont contribué à la formation de la compagnie ou du bataillon de manœuvre, le thème sommaire de la manœuvre et la distance à laquelle on a ouvert le feu.

A                , le                189  .

*Le Capitaine de tir,*

ᵉ CORPS D'ARMÉE.

ᵉ DIVISION.

ᵉ brigade.

MODÈLE N° 8.

Format du registre
de comptabilité.

COMPTABILITÉ.

ᵉ RÉGIMENT D'INFANTERIE.

# RAPPORT ANNUEL

# SUR LE SERVICE DU TIR.

ANNÉE 189 .

Verso.

Lieux de garnison..

## 1re PARTIE.

**Renseignements et observations concernant le service du tir; fonctionnement de l'École régimentaire de tir.**

A                              , le

*Le Colonel,*

## Observations du Général de brigade.

———

A                , le

*Le Général,*

## Observations du Général de division.

———

A                , le

*Le Général,*

Verso.

## 2e PARTIE.

### Récapitulation des munitions consommées.

FUSIL.....
- Cartouches tirées...
  - à balle......
  - sans balle ...
- Cartouches allouées..
  - à balle......
  - sans balle...

TOTAL des cartouches non consommées...
- à balle......
- sans balle ...

REVOLVER,
- Cartouches tirées ...
  - à balle......
  - sans balle ...
- Cartouches allouées.
  - à balle......
  - sans balle ...

TOTAL des cartouches non consommées...
- à balle......
- sans balle...

A                , le

, Le Colonel,

# APPENDICE.

## Renseignements généraux sur le fusil modèle 1886.

Le fusil modèle 1886 a une portée maxima de 3,200 mètres ; la vitesse initiale de son projectile est en moyenne de 632 mètres et sa vitesse à 25 mètres de la bouche de 610 mètres.

La balle est meurtrière à toutes les distances ; à 3,000 mètres, elle a encore une force suffisante pour traverser un homme dans les parties molles et, le plus souvent, casser un os.

Jusqu'à 2,000 mètres, les balles ricochent sur un sol horizontal et résistant ; celles qui ricochent à 1500 mètres sont dangereuses jusque vers 2,200 mètres.

La fumée des premiers coups tirés dans un fusil modèle 1886, gras ou mouillé, est visible généralement jusqu'à 600 mètres ; la fumée des feux de salve tirés dans les mêmes conditions se voit habituellement jusqu'à 1000 mètres. La fumée des coups postérieurs au premier, ou encore du premier coup tiré dans une arme parfaitement essuyée ou flambée, n'est visible au delà de 200 mètres que dans des circonstances d'éclairage particulièrement favorables.

La lueur d'un coup isolé tiré dans un fusil modèle 1886 est rarement visible la nuit au delà de 50 mètres et presque toujours invisible à 100 mètres. Celle des feux de salve n'est perceptible que jusque vers 150 mètres. Le tir d'un coup isolé dans la carabine de cavalerie donne une lueur visible jusqu'à 350 mètres environ.

# TABLEAU I.

## Tables de tir du fusil modèle 1886

Tirant la cartouche modèle 1886 à balle de 15 grammes, à la charge de 2 gr. 80 de poudre B F nouveau type, à la température de 15° et à la pression de 757ᵐᵐ.

| PORTÉES. | TANGENTES des angles | | DURÉES DE TRAJET. | HAUTEURS de chute. | VITESSES restantes. | FLÈCHES. | DISTANCES de la flèche à l'origine. | ORDON- NÉES à demi- dis- tances. |
| --- | --- | --- | --- | --- | --- | --- | --- | --- |
| | de pro- jection. | de chute. | | | | | | |
| mèt. | millim. | millim. | sec^es. | mètres. | mèt. | mèt. | mèt. | mèt. |
| 100 | 0,954 | 1,162 | 0,170 | 0,095 | 550 | 0,027 | 52 | 0,026 |
| 200 | 2,324 | 3,156 | 0,363 | 0,465 | 488 | 0,138 | 107 | 0,137 |
| 300 | 4,110 | 5,982 | 0,580 | 1,233 | 438 | 0,382 | 163 | 0,378 |
| 400 | 6,312 | 9,640 | 0,820 | 2,525 | 397 | 0,806 | 220 | 0,798 |
| 500 | 8,930 | 14,130 | 1,083 | 4,465 | 364 | 1,459 | 277 | 1,441 |
| 600 | 11,964 | 19,452 | 1,370 | 7,178 | 335 | 2,389 | 334 | 2,356 |
| 700 | 15,414 | 25,606 | 1,680 | 10,790 | 311 | 3,652 | 392 | 3,589 |
| 800 | 19,280 | 32,592 | 2,013 | 15,424 | 290 | 5,271 | 449 | 5,187 |
| 900 | 23,562 | 40,410 | 2,370 | 21,206 | 272 | 7,318 | 506 | 7,197 |
| 1000 | 28,260 | 49,060 | 2,750 | 28,260 | 255 | 9,834 | 564 | 9,665 |
| 1100 | 33,394 | 59,004 | 3,153 | 36,733 | 241 | 12,900 | 622 | 12,649 |
| 1200 | 38,992 | 69,995 | 3,580 | 46,790 | 228 | 16,525 | 680 | 16,217 |
| 1300 | 45,064 | 82,066 | 4,030 | 58,583 | 217 | 20,834 | 738 | 20,428 |
| 1400 | 51,621 | 95,250 | 4,503 | 72,269 | 206 | 25,873 | 797 | 25,345 |
| 1500 | 58,675 | 109,580 | 5,000 | 88,012 | 197 | 31,713 | 897 | 31,035 |
| 1600 | 66,235 | 125,088 | 5,520 | 105,976 | 188 | 38,481 | 918 | 37,564 |
| 1700 | 74,314 | 141,808 | 6,063 | 126,334 | 180 | 46,087 | 978 | 45,003 |
| 1800 | 82,922 | 159,772 | 6,630 | 149,260 | 173 | 54,770 | 1039 | 53,424 |
| 1900 | 92,070 | 179,013 | 7,220 | 174,933 | 166 | 64,544 | 1101 | 62,900 |
| 2000 | 101,769 | 199,564 | 7,834 | 203,538 | 160 | 75,614 | 1163 | 73,509 |

## TABLEAU II.

**Table des zones dangereuses du fusil modèle 1886 en prenant pour point à viser le pied du but.**

| DISTANCES du but. | HOMME à cheval (2ᵐ,50). | HOMME debout (1ᵐ,60). | HOMME à genou (1ᵐ). | HOMME couché (0ᵐ,55). |
|---|---|---|---|---|
| mètres. | mètres. | mètres. | mètres. | mètres. |
| 100 | 100 | 100 | 100 | 100 |
| 200 | 200 | 200 | 200 | 200 |
| 300 | 300 | 300 | 300 | 300 |
| 400 | 400 | 400 | 400 | 75 |
| 500 | 500 | 500 | 108 | 45 |
| 600 | 600 | 104 | 67 | 31 |
| 700 | 123 | 73 | 48 | 23 |
| 800 | 87 | 54 | 36 | 18 |
| 900 | 67 | 43 | 30 | 15 |
| 1000 | 53 | 35 | 23 | 12 |
| 1100 | 44 | 29 | 20 | 10 |
| 1200 | 36 | 24 | 16 | 8 |
| 1300 | 31 | 20 | 14 | 7 |
| 1400 | 26 | 18 | 12 | 6 |
| 1500 | 23 | 15 | 10 | 5 |
| 1600 | 20 | 13 | 9 | 5 |
| 1700 | 17 | 12 | 8 | 4 |
| 1800 | 15 | 10 | 7 | 3,5 |
| 1900 | 14 | 9 | 6 | 3 |
| 2000 | 12 | 8 | 6 | 3 |

# TABLEAU III.

Table des ordonnées de 100ᵐ en 100ᵐ du ... pression... fusil Modèle 1886 à la température de + 15°; ... 757ᵐᵐ.

DISTANCES DES ORDONNÉES COMPTÉES À PARTIR DE L'ORIGINE DU TIR.

| PORTÉES. | 100 | 200 | 300 | 400 | 500 | 600 | 700 | 800 | 900 | 1000 | PORTÉES. |
|---|---|---|---|---|---|---|---|---|---|---|---|
| mètres. | mètres. | mètres. | mètres. | mètres. | mètres. | mètres. | mètres. | mètres. | mètres. | mètres. | mètres. |
| 200 + | *0,137* | 0,000 | 0,530 | 1,595 | 3,303 | 5,784 | 9,163 | 13,535 | 19,114 | 25,936 | 200 |
| 300 + | 0,310 | 0,357 | 0,000 | 0,881 | 2,410 | 4,712 | 7,913 | 12,136 | 17,507 | 24,150 | 300 |
| 400 + | 0,536 | 0,798 | 0,661 | 0,000 | 1,309 | 3,391 | 6,371 | 10,374 | 15,525 | 21,918 | 400 |
| 500 + | 0,798 | 1,321 | *1,416* | 1,047 | 0,000 | 1,820 | 4,539 | 8,280 | 13,169 | 19,330 | 500 |
| 600 + | 1,101 | 1,928 | 2,356 | 2,361 | 1,517 | 0,000 | 2,415 | 5,853 | 10,438 | 16,296 | 600 |
| 700 + | 1,443 | 2,618 | 3,391 | *3,641* | 3,242 | 2,070 | 0,000 | 3,093 | 7,333 | 12,846 | 700 |
| 800 + | 1,832 | 3,301 | 4,551 | 5,187 | 5,175 | 1,390 | 2,705 | 0,000 | 3,854 | 8,980 | 800 |
| 900 + | 2,361 | 4,248 | 5,836 | 6,900 | *7,316* | 6,959 | 5,704 | 3,438 | 0,000 | 4,098 | 900 |
| 1000 + | 2,731 | 5,187 | 7,245 | 8,779 | 9,665 | 9,778 | 8,992 | 7,184 | 4,228 | 0,000 | 1000 |
| 1100 + | 3,244 | 6,214 | 8,785 | 10,833 | 12,332 | *12,858* | 12,586 | 11,291 | 8,849 | 5,131 | 1100 |
| 1200 + | 3,804 | 7,331 | 10,465 | 13,072 | 15,031 | 16,217 | *16,505* | 15,770 | 13,887 | 10,732 | 1200 |
| 1300 + | 4,411 | 8,548 | 12,386 | 15,501 | 18,067 | 19,800 | 20,755 | 20,627 | 19,352 | 16,804 | 1300 |
| 1400 + | 5,067 | 9,859 | 14,253 | 18,124 | 21,345 | 23,794 | 25,345 | 25,873 | 25,253 | 23,361 | 1400 |
| 1500 + | 5,772 | 11,270 | 16,369 | 20,945 | 24,872 | 28,027 | 30,283 | 31,516 | 31,602 | 30,115 | 1500 |
| 1600 — | 6,528 | 12,782 | 18,637 | 23,969 | 28,652 | 32,563 | 35,575 | 37,564 | *38,406* | 37,975 | 1600 |
| 1700 + | 7,336 | 11,398 | 21,061 | 27,208 | 32,602 | 37,410 | 41,230 | 44,027 | 45,677 | *46,054* | 1700 |
| 1800 + | 8,197 | 16,120 | 23,644 | 30,644 | 36,696 | 42,575 | 47,256 | 50,914 | 53,421 | 51,662 | 1800 |
| 1900 + | 9,112 | 17,919 | 26,388 | 34,302 | 41,570 | 48,064 | 53,659 | 58,232 | 61,657 | 63,810 | 1900 |
| 2000 ÷ | 10,081 | 19,889 | 29,298 | 38,183 | 46,419 | 53,833 | 60,448 | 65,991 | 70,386 | 73,509 | 2000 |

Nota. — Les ordonnées positives sont affectées du signe + ; sur chaque ligne horizontale, les ordonnées à droite du zéro sont négatives. Les ordonnées qui sont en chiffres penchés sont celles qui se rapprochent de la flèche à moins de 1 décimètre près.

## TABLEAU II. (Suite.)

Table des ordonnées de 100ᵐ en 100ᵐ du ... pression ... usil Modèle 1886 à la température de +15° : ... 57ᵐᵐ.

DISTANCES DES ORDONNÉES COMPTÉES A PARTIR DE L'ORIGINE DU TIR.

| PORTÉES. | 1100 | 1200 | 1300 | 1400 | 1500 | 1600 | 1700 | 1800 | 1900 | 2000 | PORTÉES. |
|---|---|---|---|---|---|---|---|---|---|---|---|
| mètres. | mètres. | mètres. | mètres. | mètres. | mètres. | mètres. | mètres. | mètres. | mètres. | mètres. | mètres. |
| 200 − | 34,177 | 44,002 | 55,562 | 69,016 | 81,526 | 102,258 | 122,383 | 145,076 | 170,517 | 198,890 | 200 |
| 300 − | 32,212 | 41,858 | 53,240 | 66,515 | 81,847 | 99,400 | 119,347 | 141,962 | 167,124 | 195,318 | 300 |
| 400 − | 29,790 | 39.216 | 50,378 | 63,433 | 78,544 | 95,877 | 115,603 | 137,398 | 162,940 | 190,914 | 400 |
| 500 − | 26,910 | 36,074 | 46,974 | 59,767 | 74,617 | 91,088 | 111,153 | 133,186 | 157,968 | 185,673 | 500 |
| 600 − | 23,573 | 32,434 | 43,030 | 55,520 | 70,066 | 86,834 | 105,995 | 127,724 | 152,801 | 179,610 | 600 |
| 700 − | 19,778 | 28,294 | 38,545 | 50,690 | 64,891 | 81,314 | 100,130 | 121,514 | 145,616 | 172,710 | 700 |
| 800 − | 15,525 | 23,654 | 33,519 | 45,277 | 59,092 | 75,128 | 93,558 | 114,556 | 138,301 | 164,978 | 800 |
| 900 − | 10,815 | 18,516 | 27,953 | 39,283 | 52,669 | 68,277 | 86,278 | 106,848 | 130,185 | 156,414 | 900 |
| 1000 − | 5,647 | 12,878 | 21,845 | 32,705 | 45,632 | 60,730 | 78,392 | 98,392 | 121,239 | 147,018 | 1000 |
| 1100 − | 0,000 | 6,718 | 15,171 | 25,518 | 37,921 | 52,546 | 69,504 | 89,150 | 111,484 | 136,750 | 1100 |
| 1200 + | 6,158 | 0,000 | 7,894 | 17,681 | 29,521 | 43,589 | 60,047 | 79,074 | 100,848 | 125,354 | 1200 |
| 1300 + | 12,837 | 7,286 | 0,006 | 9,180 | 20,416 | 33,871 | 49,725 | 68,141 | 89,311 | 113,410 | 1300 |
| 1400 + | 20,050 | 15,154 | 8,534 | 0,000 | 10,581 | 23,381 | 38,573 | 56,342 | 76,853 | 100,296 | 1400 |
| 1500 + | 27,809 | 23,620 | 17,694 | 9,876 | 0,000 | 13,096 | 26,586 | 43,645 | 63,450 | 86,188 | 1500 |
| 1600 + | 36,125 | 32,692 | 27,522 | 20,460 | 11,340 | 0,000 | 13,734 | 30,037 | 49,086 | 71,068 | 1600 |
| 1700 + | 45,012 | 42,386 | 38,025 | 31,770 | 23,458 | 12,926 | 0,000 | 15,494 | 33,739 | 54,910 | 1700 |
| 1800 + | 54,481 | 52,716 | 49,215 | 43,821 | 36,370 | 28,699 | 14,634 | 0,000 | 17,381 | 37,694 | 1800 |
| 1900 + | 64,544 | 63,694 | 61,108 | 56,629 | 50,092 | 41,336 | 30,185 | 16,461 | 0,000 | 19,398 | 1900 |
| 2000 + | 75,212 | 75,332 | 73,716 | 70,207 | 64,641 | 56,851 | 46,673 | 33,925 | 18,428 | 0,000 | 2000 |

NOTA. — Les ordonnées positives sont affectées du signe +; sur ... tives. Les ordonnées qui sont en chiffres ponchés sont colles qui se ... aque ligne horizontale. les ordonnées à droite du zéro sont néga- ... pprochent de la flèche à moins de 1 décimètre près.

# TABLEAU IV.

| Renseignements sur la précision du fusil Modèle 1886. | | | |
|---|---|---|---|
| | ÉCARTS PROBABLES | | |
| PORTÉES. | verticaux. | horizontaux. | OBSERVATIONS. |
| 1 | 2 | 3 | 4 |
| mètres. | centimèt. | centimèt. | |
| 100 | 2,8 | 2,7 | Les nombres inscrits dans les colonnes 2 et 3 mesurent la demi-largeur de la bande verticale ou horizontale indéfinie contenant 50 pour 100 des meilleurs coups dans un tir exécuté sur appui par un excellent tireur. |
| 200 | 5,6 | 5,4 | |
| 300 | 8,8 | 8,4 | |
| 400 | 12,2 | 11,6 | — |
| 500 | 15,9 | 14,8 | Aux distances supérieures à 1000 mètres, la demi-largeur de la bande perpendiculaire au plan de tir contenant 50 pour 100 des meilleurs coups recueillis sur un plan parallèle à la ligne de mire est de 8 à 12 mètres en moyenne jusqu'à 2000 mètres. |
| 600 | 20,0 | 18,4 | |
| 700 | 24,2 | 22,4 | |
| 800 | 28,9 | 26,8 | |
| 900 | 33,9 | 31,5 | |
| 1000 | 39,1 | 36,5 | |

## TABLEAU V.

### Table des déviations dues au vent pour les balles du fusil Modèle 1886.

| PORTÉES. | DÉVIATIONS | | OBSERVATIONS. |
| --- | --- | --- | --- |
| | latérales. | en portée. | |
| 1 | 2 | 3 | 4 |
| mètres. | mètres. | mètres. | |
| 100 | 0,008 | » | Les chiffres qui figurent dans les colonnes 2 et 3 se rapportent à un vent soufflant perpendiculairement ou parallèlement à la direction du tir avec une vitesse de 1 mètre par seconde. |
| 200 | 0,026 | » | |
| 300 | 0,065 | » | |
| 400 | 0,13 | » | |
| 500 | 0,24 | » | |
| 600 | 0,41 | 1 | Les déviations dues à un vent de vitesse différente s'obtiennent en multipliant les col. 2 et 3 par le nombre qui exprime la vitesse du vent à la seconde exprimée en mètres. |
| 700 | 0,68 | 1 | |
| 800 | 0,95 | 2 | |
| 900 | 1,3 | 3 | |
| 1000 | 1,7 | 3 | |
| 1100 | 2,0 | 4 | |
| 1200 | 2,4 | 5 | Il est bien entendu que la vitesse du vent ne doit pas être comptée suivant sa direction, mais bien normalement et parallèlement à la direction du tir. |
| 1300 | 2,8 | 6 | |
| 1400 | 3,3 | 7 | |
| 1500 | 3,8 | 8 | |
| 1600 | 4,4 | 9 | |
| 1700 | 5,0 | 10 | |
| 1800 | 5,6 | 11 | |
| 1900 | 6,3 | 13 | |
| 2000 | 8,0 | 16 | |

# TABLEAU VI.

## Pénétration maximum de la balle Modèle 1886 dans divers milieux.

| PORTÉES. | Terre (A). | Sable siliceux (A). | Sapin. | Chêne, hêtre, charme. | ACIER | | | OBSERVATIONS. |
|---|---|---|---|---|---|---|---|---|
| | | | | | ordinaire (B). | fondu dur (B). | chromé (B). | |
| mèt. | cm. | cm. | cm. | cm. | $m^m$. | $m^m$. | $m^m$. | |
| 100 | 59 | 20 | 90 | 60 | 6,7 | 6,2 | 5,5 | (A) La pénétration dans la terre et le sable atteint son maximum aux portées comprises entre 250 et 300 mètres. Elle ne dépasse jamais 90 centimètres. |
| 200 | 62 | 24 | 75 | 49 | 5,2 | 5,2 | 4,2 | |
| 300 | 58 | 38 | 59 | 40 | 4,3 | 4,4 | 3,4 | |
| 400 | 55 | 33 | 48 | 30 | 3,5 | 3,8 | 2,8 | (B) Les nombres inscrits dans ces colonnes donnent les épaisseurs maxima des plaques complètement traversées ou brisées. |
| 500 | 52 | 31 | 42 | 27 | 3,2 | 3,1 | 2,2 | |
| 600 | 49 | 30 | 34 | 23 | | | | Dans des plaques d'épaisseur supérieure l'empreinte produite par le projectile a une profondeur beaucoup moindre. |
| 800 | 43 | 29 | 27 | 19 | | | | La cuirasse de cuirassier est traversée par la balle du fusil Modèle 1886 : dans le voisinage du busc jusqu'à la distance de 250 mètres, et dans le dos jusqu'à la portée extrême du fusil. |
| 1000 | 39 | 28 | 23 | 16 | | | | |
| 1200 | 33 | 27 | 18 | 12 | | | | |
| 1400 | 30 | 25 | 13 | 9 | | | | |
| 1600 | 25 | 23 | 10 | 7 | | | | |
| 1800 | 19 | 21 | 9 | 5 | | | | |
| 2000 | 15 | 19 | 8 | 3 | | | | |

# TABLE DES MATIÈRES



8.

## CHAPITRE VII.

# Instruction du tireur pour le combat.



## CHAPITRE VIII.

# Règles pour la conduite des feux.



## CHAPITRE IX.

# Tir au revolver.



## CHAPITRE X.

# Classement et récompenses.



## CHAPITRE XI.

# Tir des réservistes et des hommes de l'armée territoriale.

## CHAPITRE XII.



Paris. — Imprimerie L. BAUDOIN, 2, rue Christine.

# GUIDE

## MNÉMOTECHNIQUE

## DE L'OFFICIER & DU SOUS-OFFICIER

### D'INFANTERIE

PAR

le Capitaine **E.-J. SCHMITT**

DU 77ᵉ DE LIGNE

Paris, 1895, 1 fort vol. in-12 de VIII-512 pages
avec 121 figures gravées et 11 planches
reliure souple en toile anglaise. . . . . . . 4 fr. 50

---

# MANUEL

DU

# SOLDAT ORDONNANCE

## DE L'OFFICIER

2ᵉ *ÉDITION*

Paris, 1891, 1 vol. in-18, cartonné toile.  1 fr. 25

# A la même Librairie :

**Instruction sommaire sur le revolver mo-
dèle 1892**, approuvée par le Ministre de la guerre
le 8 février 1883. Paris, 1895, broch. in-18 ... 20 c.

**Instruction sur l'armement**, les munitions, les
champs de tir et le matériel de l'infanterie. Édition
complétée et mise à jour conformément à la nomencla-
ture du fusil et de la cartouche mod. 1886-M-1893, de
l'Instruction sur le revolver mod. 1892 et du nouveau
réflecteur à miroir. Paris, 1895, 1 vol. in-18 avec fig.,
cartonné.................................................. 60 c.

    Relié toile................................................ 80 c.

**Aide-mémoire** des officiers et sous-officiers d'infanterie pour l'**exécution du tir**. — I<sup>re</sup> Partie : *Aide-
mémoire de l'officier de tir sur le terrain.* —
II<sup>e</sup> Partie : *Pratique du tir.* — III<sup>e</sup> Partie : *Renseignements divers.* Paris, 1893, in-16 de poche,
relié toile............................................... 75 c.

*Infanterie.* — **Carnet de l'officier de tir.** Paris,
1893, 1 vol. in-18 à feuillets mobiles réunis dans une
couverture reliée toile avec barrette en cuivre et
écrous................................................ 2 fr. 50

**Carnet de tir** ou livret individuel du tireur. In-16 de
30 pages avec figures représentant les différentes cibles
pour tirs préparatoires sur appuis et à bras francs;
tirs d'instruction et d'application; tirs de concours, etc.
Paris, 1893............................................. 10 c.

    Par 1000 exemplaires, *franco*................. 5 c.

**L'Instruction du tir dans la compagnie**; par
H. Gondré, lieutenant, ex-professeur à l'École militaire d'infanterie. Paris, 1892, 1 vol. in-18 avec de
nombreuses figures dans le texte............ 2 fr. 50

**Les armes à feu portatives des armées ac-
tuelles et leurs munitions**; par un **Officier
supérieur**. Paris, 1893, 1 beau vol. in-8 avec
131 figures ou planches........................ 6 fr.

---

Paris. — Imprimerie L. BAUDOIN, 2, rue Christine.